en poche

Comptable

Édition 2011/2012

Tout savoir sur les techniques de comptabilisation de toutes les opérations de l'entreprise (opérations courantes et opérations de fin d'exercice)

Gualino
lextenso éditions

Liste des abréviations utilisées

ABS	: Autres biens et services
ANC	: Autorité des normes comptables
AV	: Avoir
BF	: Bénéfice fiscal
BOR	: Billet à ordre relevé
C	: Crédit
CA	: Chiffre d'affaires
CH	: Chèque
CMUP	: Coût moyen unitaire pondéré
CRDS	: Contribution au remboursement de la dette sociale
CS	: Contribution sociale
CSG	: Contribution sociale généralisée
D	: Débit
FA	: Facture
GLA	: Grand livre auxiliaire
HT	: Hors taxes
IASB	: International Accounting Standards Board
IFA	: Impôt forfaitaire annuel
IFRS	: International Financial Reporting Standards
IS	: Impôt sur les sociétés
JD	: Journal divisionnaire
LCR	: Lettre de change relevé
N	: Exercice en cours
N – 1	: Exercice précédent
N + 1	: Exercice suivant
PC	: Pièce de caisse
PCG	: Plan comptable général
PEPS	: Premier entré, premier sorti
PME	: Petites et moyennes entreprises
SARL	: Société à responsabilité limitée
SC	: Solde créditeur
SD	: Solde débiteur
SF	: Stock final
SI	: Stock initial
TTC	: Toutes taxes comprises
TVA	: Taxe sur la valeur ajoutée
VA	: Valeur actuelle
VO	: Valeur d'origine
VNC	: Valeur nette comptable
VMP	: Valeurs mobilières de placement
VU	: Valeur d'usage
VV	: Valeur vénale

Collection dirigée par Béatrice et Francis Grandguillot
Facebook : « Les auteurs Grandguillot B & F »

33 rue du Mail 75081 Paris cedex 02
ISBN 978 - 2 - 297 - 01936 - 1
ISSN 1962-6428

Sommaire

1 Principes généraux

Comptabilité générale

Définition

La comptabilité générale est définie comme un système d'organisation de l'information financière qui permet de saisir, de classer, d'enregistrer des données de base chiffrées et de présenter des états (comptes annuels) reflétant une image fidèle du patrimoine, de la situation financière à une date donnée et du résultat de l'exercice de l'entreprise issu de son activité.

La comptabilité générale est :	• un outil de contrôle des opérations • un moyen de preuve juridique en cas de litige • une obligation légale (toute entreprise doit tenir une comptabilité) • un moyen de calcul de l'assiette des impôts (base) • une source d'information d'ordre financier sur la situation et l'évolution de l'entreprise • une aide à la prise de décision sur le plan financier

Les experts-comptables et les commissaires aux comptes sont les garants de l'intégrité du système d'information comptable.
La comptabilité générale distingue 2 types de travaux :

Traduction comptable des opérations courantes
Comptabiliser les faits comptables réalisés par l'entreprise au cours d'un exercice
Travaux d'inventaire
Opérations comptables qui permettent de recenser les éléments du patrimoine de l'entreprise et de déterminer le résultat exact en fin d'exercice ; puis d'établir les documents de synthèse (bilan, compte de résultat, annexe).

Normalisation et droit comptable

Les normes comptables nationales sont intégrées au droit comptable dont les sources sont diverses :

Internationales	• normes IFRS, élaborées par l'IASB et soumises à un mécanisme d'adoption européen
Européennes	• directives et règlements
Françaises	• Code de commerce (lois et règlements) • règlements de l'Autorité des normes comptables (ANC) • Plan comptable général (PCG) mis à jour par les règlements de l'ANC

Plan comptable général (PCG)

Le PCG regroupe l'ensemble des normes comptables applicables à toutes les entités tenues d'établir des comptes annuels. Il est présenté sous forme d'articles et contient exclusivement les dispositions relatives à la comptabilité générale.

Plan de comptes : 3 parties et 8 classes de comptes	
Comptes de bilan	Classe 1 comptes de capitaux Classe 2 comptes d'immobilisations Classe 3 comptes de stocks et d'en-cours Classe 4 comptes de tiers Classe 5 comptes financiers
Comptes de gestion	Classe 6 comptes de charges Classe 7 comptes de produits
Comptes spéciaux	Classe 8 comptes spéciaux

Chaque compte est constitué d'un numéro structuré d'après une codification décimale (plus il comporte de chiffres, plus il est précis) et d'un intitulé.

Trois systèmes de présentation des comptes		
Système abrégé	**Système de base**	**Système développé**
Système comportant les dispositions minimales	Système de droit commun	Système proposant des informations détaillées

Compte

Le compte est la plus petite unité retenue pour le classement et l'enregistrement des opérations comptables. Il est composé de 2 parties : le ***débit*** (partie gauche) et le ***crédit*** (partie droite).

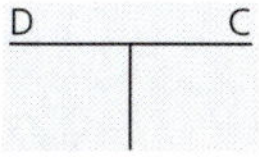

Le solde d'un compte est égal à :

Total des mouvements débit – Total des mouvements crédit

Natures des soldes		
▶	**Solde nul**	Total débit = Total crédit
▶	**Solde débiteur**	Total débit > Total crédit
▶	**Solde créditeur**	Total débit < Total crédit

À l'arrêté d'un compte, le solde se trouve du côté opposé à sa nature.
À la réouverture d'un compte, le solde se trouve du côté de sa nature.

Mécanisme de la partie double

Les opérations sont décrites comme des flux. Chaque opération provoque 2 flux : ***un flux de biens ou de services*** (flux réel) et ***un flux monétaire*** (flux financier). Pour chaque opération, on distingue :
– ***la ressource*** : moyen de financement ou origine du flux ;
– ***l'emploi*** : utilisation du financement ou destination du flux.
Les opérations comptables s'enregistrent dans les comptes affectés à chaque catégorie d'opérations par le PCG.

Chaque opération est comptabilisée sous 2 aspects : Ressource et Emploi ; et par conséquent, dans 2 comptes différents au minimum :
– un compte qui enregistre la ressource ;
– un compte qui enregistre l'emploi.
Par convention :
– les ressources s'inscrivent au crédit des comptes ;
– les emplois s'inscrivent au débit des comptes.

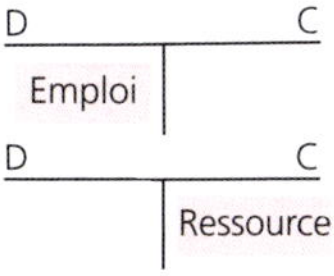

Emploi = Ressource
Débit = Crédit

Systèmes comptables

Un système comptable regroupe l'ensemble des procédés et méthodes d'enregistrement des opérations comptables. La comptabilisation des opérations s'effectue à partir des pièces justificatives (factures, chèques...).

Système classique

Journal ▶ **Grand livre** ▶ **Balance**

Journal	Grand livre	Balance
Enregistrement chronologique de l'ensemble des opérations	Report des opérations dans les comptes	Regroupement des comptes du grand livre

Contrôle des totaux mouvements (Journal – Balance)

Écriture au journal :

	Date		
N° du PCG	Intitulé des comptes débités	Valeur débit	
N° du PCG	Intitulé des comptes crédités		Valeur crédit
	Libellé (nom du tiers, pièce justificative...)	Débits = Crédits	

Présentation de la balance :

N°	Intitulés des comptes	Mouvements		Soldes	
		Débit	Crédit	Débiteur	Créditeur
		Total débits = Total crédits		Soldes débiteurs = Soldes créditeurs	

Système centralisateur

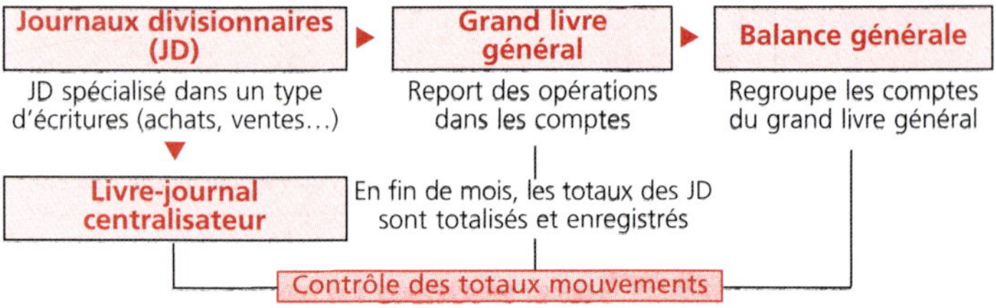

Ces systèmes peuvent être enrichis par la création de grands livres auxiliaires (GLA) regroupant un ensemble de comptes individuels (fournisseurs, clients...). Chaque GLA fait l'objet d'une balance auxiliaire (relevé nominatif).

Comptabilité informatisée

La tenue de la comptabilité au moyen de systèmes de traitement informatisés est soumise à des règles relatives à la documentation des traitements, à la garantie en matière de preuve et d'intangibilité des enregistrements ainsi qu'à la conservation des données (sauvegarde, archivage).

Le processus d'une comptabilité informatisée comporte les étapes suivantes :

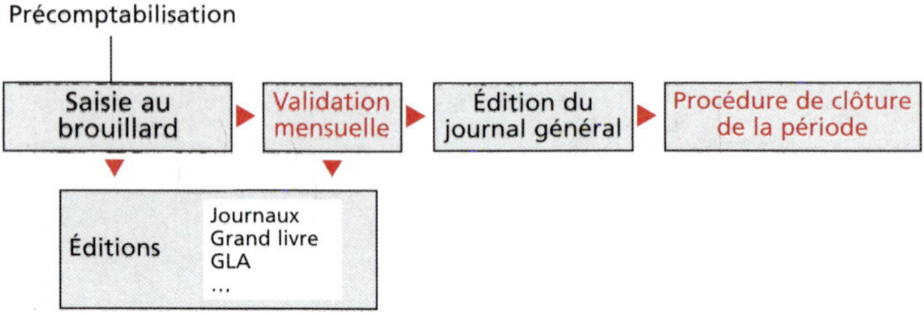

Travaux d'inventaire

Les travaux d'inventaire réalisés à la clôture de l'exercice consistent à :

- *Recenser* les éléments actifs et passifs
- *Apprécier, évaluer, prévoir* les événements qui modifient la valeur comptable des comptes
- *Déterminer* la valeur d'inventaire des éléments actifs et passifs
- *Comptabiliser* les ajustements et les régularisations nécessaires des comptes d'actif, de passif, de charges et de produits

Les éléments actifs et passifs en quantité et en valeur relevés lors de l'inventaire étaient regroupés, jusqu'à présent, sur le livre d'inventaire. La loi de simplification et d'amélioration du droit du 17/5/2011 a supprimé cette obligation.

Les travaux comptables d'inventaire s'organisent de la manière suivante :

Balance avant inventaire ▶ **Inventaire extra-comptable** Corrections et modifications des comptes ▶ **Écritures d'inventaire** ▶ **Balance après inventaire** ▶ **Comptes annuels**
- Bilan
- Compte de résultat
- Annexe

Principes comptables

Les pratiques d'enregistrement comptable et de présentation des comptes annuels reposent sur des principes inscrits dans le PCG.

Liste des principes comptables fondamentaux	
Image fidèle	Ce principe n'est pas défini précisément par le PCG. Il est lié aux principes de régularité et de sincérité.
Comparabilité	La comptabilité doit permettre d'effectuer des comparaisons périodiques et d'apprécier l'évolution de l'entreprise dans une perspective de continuité d'activité. Pour cela l'activité de l'entreprise est scindée en périodes successives et indépendantes de 12 mois appelées ***exercice***.
Continuité d'activité	Les comptes annuels doivent être établis et interprétés dans la perspective que l'entité poursuive ses activités.
Régularité	La comptabilité doit être conforme aux règles et procédures en vigueur.
Sincérité	Les informations comptables doivent donner à leurs utilisateurs une description adéquate, loyale, claire, précise et complète des opérations, événements et situations.
Prudence	La comptabilité est établie sur la base d'appréciations prudentes, pour éviter le risque de transfert, sur les périodes à venir, d'incertitudes présentes susceptibles de grever le patrimoine et le résultat de l'entité.
Permanence des méthodes	Par souci de cohérence, la présentation des comptes annuels et les méthodes d'évaluation retenues ne peuvent être modifiées d'un exercice à l'autre, sauf si un changement exceptionnel intervient dans la situation de l'entité ou si l'on veut obtenir une meilleure information financière.

Obligations comptables simplifiées des entreprises

Les entreprises individuelles soumises au régime fiscal des micro-entreprises ou au RSI bénéficient d'allègements des obligations comptables.

Régimes	Obligations comptables
Micro-entreprises	• Tenue d'un livre de recettes quelle que soit l'activité. • Tenue d'un registre des achats pour les entreprises exerçant une activité de vente ou de fourniture de logement. • Dispense de comptes annuels.
Réel simplifié d'imposition (RSI)	• Tenue d'une comptabilité de trésorerie (encaissements et décaissements). • Centralisation trimestrielle des journaux auxiliaires. • Dispense de justification des frais généraux accessoires. • Évaluation simplifiée des stocks. • Enregistrement des créances et des dettes à l'inventaire. • Dispense de l'annexe. • Bilan et compte de résultat simplifiés (sous certaines conditions).

Pour les exercices clos à partir du 19 mai 2011, les sociétés commerciales soumises au RSI peuvent opter pour une comptabilité de trésorerie en cours d'exercice et pour une annexe abrégée.

2 Taxe sur la valeur ajoutée

Définitions

TVA	Impôt indirect sur la consommation, calculé sur le chiffre d'affaires, collecté par l'intermédiaire de l'assujetti pour le compte de l'État et supporté par le consommateur final.
Assujetti	Personne qui réalise une activité économique de manière indépendante à titre habituel et onéreux, quel que soit son statut juridique, sa situation au regard des autres impôts et la forme ou la nature de son intervention.
Redevable	Personne, assujettie ou non, qui acquitte la taxe.

Trois catégories d'opérations imposables

Opérations imposables par nature
Livraisons de biens (meubles et immeubles) et prestations de services effectuées par un assujetti à titre onéreux.
Opérations imposables par décision de la loi
Importations, acquisitions intracommunautaires, livraisons à soi-même.
Opérations imposables sur option
Opérations normalement exonérées (locations de locaux nus à usage professionnel, cessions d'immeubles achevés depuis plus de 5 ans…).

Base d'imposition

Le taux de TVA s'applique sur la base d'imposition ou le prix hors taxes (HT).

Base d'imposition x Taux de TVA = **TVA facturée**

La base d'imposition diffère selon le caractère de l'opération :

Livraisons de biens meubles et prestations de services
Prix de vente HT + Frais accessoires aux livraisons de biens (commissions, frais de transport, d'emballages…) + Droits de douane + Taxes parafiscales + Intérêts pour délai de paiement. En sont exclus la TVA, les réductions de prix, les taxes et les frais avancés par le fournisseur pour le compte du client et remboursés par ce dernier.
Livraisons d'immeubles
Prix de cession ou marge dans certains cas.
Livraisons à soi-même
Coût de revient pour les biens fabriqués. Valeur vénale ou coût d'achat pour les biens prélevés.
Importations
Valeur en douane.
Achats à des non assujettis
Prix d'achat majoré des impôts spécifiques éventuels (droits sur les alcools).

Taux de TVA

Taux particulier 2,10 %	Médicaments remboursables, presse, redevance pour droit d'usage des téléviseurs…
Taux réduit 5,50 %	La plupart des produits alimentaires, restauration, médicaments non remboursés, livres, spectacles, prestations de services destinées aux personnes, produits pour l'agriculture et l'élevage, produits horticoles et sylvicoles non transformés et travaux effectués dans les logements construits depuis plus de 2 ans.

Taux normal 19,60 %	La plupart des prestations de services et des produits manufacturés.

Fait générateur et exigibilité

En principe, ils se produisent au même moment ; toutefois, pour certaines opérations ces deux notions ne coïncident pas :

Opérations	Fait générateur	Exigibilité
Livraison de biens corporels	Livraison du bien	Livraison du bien
Prestations de services et travaux immobiliers	Achèvement de la prestation de services	Encaissement du prix, sauf option TVA sur les débits
Prestations de services intracommunautaires relevant du principe général de taxation et réalisées entre assujettis	Réalisation de la prestation ou Encaissement d'acomptes	Réalisation de la prestation ou Encaissement d'acomptes
Livraison à soi-même	Première utilisation	Première utilisation
Acquisition intracommunautaire	Livraison du bien	Le 15 du mois suivant celui au cours duquel le fait générateur est intervenu, ou la date de la facture si elle est antérieure
Importation	Dédouanement	Dédouanement

Obligations comptables de l'assujetti

La comptabilité de l'assujetti doit permettre de distinguer les opérations imposables de celles qui ne le sont pas.
La comptabilisation des factures doit faire apparaître distinctement le montant HT, celui de la TVA et le nom du tiers.
Lorsque des taux de TVA différents sont appliqués, les recettes doivent être réparties par catégories d'opérations et par taux.

Comptabilisation de la TVA

La TVA ne représente pas une charge pour l'assujetti. Ce dernier :
– collecte auprès de ses clients la TVA sur ses ventes pour le compte de l'État ;
– déduit la TVA que ses fournisseurs lui ont facturée ;
– et verse, périodiquement, à l'État la différence entre la TVA collectée et la TVA déductible.

TVA collectée

La TVA collectée représente une dette envers l'État, comptabilisée au ***crédit*** du compte « 44571 TVA collectée ».

TVA déductible

La TVA déductible représente une créance sur l'État comptabilisée au ***débit*** d'une subdivision du compte « 4456 Taxes sur le chiffre d'affaires déductibles » suivant la nature de l'achat :

Achats et charges	Compte « 44566 TVA sur autres biens et services »
Acquisitions d'immobilisations	Compte « 44562 TVA sur immobilisations »

La TVA non déductible portant sur certains achats de biens et services (véhicules de tourisme, par exemple) constitue un élément du prix d'achat.

Cas des acquisitions intracommunautaires

Pour ces opérations, la TVA est à la fois déductible et due (TVA autoliquidée).

Le compte « 445662 TVA déductible intracommunautaire » est ***débité*** par le ***crédit*** du compte « 4452 TVA due intracommunautaire ».

Cas des achats de prestations de services auprès de prestataires assujettis, établis hors de France

Le preneur assujetti doit autoliquider la TVA, le compte « 44566 TVA déductible sur autres biens et services » est ***débité*** par le ***crédit*** du compte « 445 (.) TVA due sur prestations de services ».

Déclaration et paiement de la TVA

La périodicité de la déclaration selon le régime du réel normal est, en principe, mensuelle. Le paiement de la TVA est simultané à l'envoi de la déclaration. Le calcul de la TVA due pour le mois est le suivant :

	TVA collectée sur les ventes
+	TVA sur acquisitions et achats de prestations intracommunautaires
–	TVA déductible sur acquisitions d'immobilisations*
–	TVA déductible sur autres biens et services* (y compris sur acquisitions et achats de prestations intracommunautaires)
=	**TVA nette due**

* Le redevable peut exercer son droit à déduction dès lors qu'il possède le document justificatif (facture…) à la date limite de dépôt de la déclaration de TVA.

Lorsque le montant de la TVA déductible est supérieur à celui de la TVA collectée, l'entreprise constate un crédit de TVA (report sur la déclaration suivante ou remboursement mensuel sous conditions).
La télédéclaration et le télérèglement sont obligatoires si le CA HT annuel est supérieur à 230 000 € ; facultatifs pour les autres entreprises.

Comptabilisation de la déclaration de TVA

TVA à décaisser

44571	TVA collectée	X	
445(.)	TVA due sur prestations de services	X	
4452	TVA due intracommunautaire	X	
44562	TVA sur immobilisations		X
44566	TVA sur autres biens et services		X
445662	TVA déductible intracommunautaire		X
44551	TVA à décaisser		X
	CA3 …		

Paiement de la TVA à décaisser

44551	TVA à décaisser	X	
512	Banques		X
	CH n° …		

Crédit de TVA

44571	TVA collectée	X	
445(.)	TVA due sur prestations de services	X	
4452	TVA due intracommunautaire	X	
44562	Crédit de TVA à reporter	X	
44562	TVA sur immobilisations		X
44566	TVA sur autres biens et services		X
445662	TVA déductible intracommunautaire		X
	CA3 …		

3 Achats et ventes

Généralités

Documents comptables obligatoires

Facture	Elle est établie par le fournisseur, au moment de la vente, remise ou adressée au client. Elle indique : l'identité du vendeur et celle de l'acheteur, le détail des biens ou services vendus, leur montant HT, le montant de la TVA et le montant TTC à payer par le client, les conditions de règlement.
Facture d'avoir	Elle est établie par le fournisseur, à la suite d'un événement intervenu après la facturation (retour de marchandises, réductions commerciales ou financière hors factures...). Elle modifie les conditions de la facture initiale.

Réductions de prix

Réductions commerciales	
Rabais	Réduction pratiquée exceptionnellement sur le prix de vente préalablement convenu pour tenir compte, par exemple, d'un défaut de qualité ou d'une non-conformité des objets vendus.
Remise	Réduction pratiquée habituellement sur le prix courant de vente en considération, par exemple, de l'importance de la vente ou de la profession du client et généralement calculée par application d'un pourcentage au prix courant de vente.
Ristourne	Réduction de prix calculée sur l'ensemble des opérations faites avec le même tiers au cours d'une période déterminée (mois, année...). Elle fait toujours l'objet d'une facture d'avoir.
Réduction financière	
Escompte	Réduction de prix accordée pour paiement comptant ou avant le terme normal d'exigibilité. L'escompte peut être conditionnel.

Structure de la facture

Réductions de prix en « cascade » *(elles se calculent successivement)*

	Prix brut		1 500,00
Réductions commerciales successives ▶	Remise 10 %	–	150,00
			1 350,00
	Remise 10 %	–	135,00
Achat net ou vente nette ▶	**Net commercial**	=	1 215,00
Obtenu ou accordé ▶	Escompte 2 %	–	24,30
	Net financier	=	1 190,70
Déductible ou collectée ▶	TVA 19,60 %	+	233,38
Dette ou créance ▶	**Net à payer** (TTC)	=	1 424,08

Comptes du PCG

Utilisation des comptes en fonction de l'activité de l'entreprise	
Comptes d'achat	601 Achats stockés – Matières premières 602 Achats stockés – Autres approvisionnements 606 Achats non stockés de matières et fournitures 607 Achats de marchandises
Comptes de vente	701 Ventes de produits finis 707 Ventes de marchandises

Comptabilisation des factures

Écritures fondamentales de vente et d'achat

Les réductions commerciales qui figurent sur la facture ne sont jamais enregistrées ; c'est donc le net commercial HT qui est comptabilisé. L'escompte est toujours enregistré pour son montant HT.

Chez le fournisseur (vendeur)

411	Clients	X	
665	Escomptes accordés	X	
70..	Ventes ...		X
44571	TVA collectée		X
	DBZ FA n° ...		

Chez le client (acheteur)

60..	Achats ...	X	
44566	TVA sur ABS	X	
401	Fournisseurs		X
765	Escomptes obtenus		X
	ULM FA n° ...		

Avances et acomptes

Avant l'exécution d'une commande, une avance ou un acompte peut être constaté. Il donne lieu à l'établissement d'une facture d'acompte pour son montant HT et un compte spécifique est créé.

Avances et acomptes versés aux fournisseurs	***Lors du versement***, le compte « 4091 Fournisseurs – Avances et acomptes versés sur commandes » est ***débité*** par le ***crédit*** d'un compte de trésorerie. ***Lors de la facturation***, le compte « 4091 Fournisseurs – Avances et acomptes versés sur commandes » est ***soldé***.
Avances et acomptes reçus des clients	***Lors de l'encaissement***, un compte de trésorerie est ***débité*** par le ***crédit*** du compte « 4191 Clients – Avances et acomptes reçus sur commandes ». ***Lors de la facturation***, le compte « 4191 Clients – Avances et acomptes reçus sur commandes » est ***soldé***.

Frais de port

Port forfaitaire	Le transport est assuré par les propres moyens du fournisseur ; ce dernier facture le service rendu à son client.

Chez le fournisseur (vendeur)

411	Clients	X	
70...	Ventes ...		X
44571	TVA collectée		X
7085	Ports et frais accessoires facturés		X
	DBZ FA n° ...		

Chez le client (acheteur)

607	Achats ...	X	
624	Transports de biens	X	
44566	TVA sur ABS	X	
401	Fournisseurs		X
	ULM FA n° ...		

Port payé	Le fournisseur comptabilise la facture du transporteur au ***débit*** du compte « 624 Transports de biens » et supporte la TVA. Lors de la facturation au client, les frais de port sont transférés pour leur montant exact au ***crédit*** du compte « 624 Transports de biens » ; il y a lieu de scinder la TVA en 2 comptes : TVA collectée pour les ventes et TVA déductible pour le port.

Consignation d'emballages

Les emballages récupérables peuvent faire l'objet d'une consignation. La consignation est en principe exonérée de TVA.

Chez le fournisseur (vendeur)

411	Clients	X	
70...	Ventes ...		X
44571	TVA collectée		X
4196	Clients – Dettes pour emballages et matériel consignés		X
	DBZ FA n° ...		

Chez le client (acheteur)

607	Achats ...	X	
44566	TVA sur ABS	X	
4096	Fournisseurs – Créances pour emballages et matériel à rendre	X	
401	Fournisseurs		X
	ULM FA n° ...		

Lors de la déconsignation (avoir), les comptes « 4196 ou 4096 » sont soldés.

Comptabilisation des factures d'avoir

Retour aux conditions initiales

Lors de retours de marchandises, de matières ou de produits, ce sont les mêmes comptes qui fonctionnent mais en sens inverse.

Chez le fournisseur (vendeur)

70..	Ventes ...	X	
44571	TVA collectée	X	
411	Clients		X
665	Escomptes accordés		X
	DBZ FA n° ...		

Chez le client (acheteur)

401	Fournisseurs	X	
765	Escomptes obtenus	X	
60..	Achats ...		X
44566	TVA sur ABS		X
	ULM FA n° ...		

Réductions supplémentaires

Elles doivent être comptabilisées dans des comptes spécifiques.

Chez le fournisseur (vendeur)

709	RRR accordés par l'entreprise	X	
665	Escomptes accordés	X	
44571	TVA collectée	X	
411	Clients		X
	DBZ FA n° ...		

Chez le client (acheteur)

401	Fournisseurs	X	
609	RRR obtenus sur achats		X
765	Escomptes obtenus		X
44566	TVA sur ABS		X
	ULM FA n° ...		

Opérations avec l'étranger

Opérations intracommunautaires (27 pays membres de l'UE)

Acquisitions intracommunautaires (Opérations soumises à la TVA en France)

Les comptes « 60.12 Achats de ... intracommunautaires » et « 445662 TVA déductible intracommunautaire » sont ***débités*** par le ***crédit*** des comptes « 4452 TVA due intracommunautaire » et « 40112 Fournisseurs Union européenne ».

Livraisons intracommunautaires (Éxonérées de TVA en France)

Le compte « 41112 Clients Union européenne » est ***débité*** par la ***contrepartie*** du compte « 70712 Ventes de marchandises intracommunautaires ».

Les encaissements des créances et les règlements des dettes intracommunautaires avec les pays de l'UE hors zone euro (10 pays en 2011) peuvent engendrer des résultats de change (traitement comptable identique à celui des importations/exportations).

Importations et exportations

Les créances et dettes en monnaies étrangères doivent être converties en euros. Des différences de change peuvent être constatées si le cours du change évolue entre la date de facturation et celle du règlement.

Importations (Opérations soumises à la TVA en France)

Lors de la facturation, le compte « 60.. Achats » est ***débité*** par la ***contrepartie*** du compte « 401 Fournisseurs ». Au paiement de la TVA, le compte « 44566 TVA sur ABS » est ***débité*** par le ***crédit*** d'un compte de trésorerie.
Lors du règlement, l'entreprise peut constater soit :
- un gain de change (Montant du règlement < Montant de la dette) au ***crédit*** du compte « 766 Gains de change » ;
- une perte de change (Montant du règlement > Montant de la dette) au ***débit*** du compte « 666 Pertes de change ».

Exportations (Éxonérées de TVA en France)

Lors de la facturation, le compte « 411 Clients » est ***débité*** par le ***crédit*** du compte « 70.. Ventes ».
Lors du règlement, l'entreprise peut constater soit :
- un gain de change (Montant de l'encaissement > Montant de la créance) au ***crédit*** du compte « 766 Gains de change » ;
- une perte de change (Montant de l'encaissement < Montant de la créance) au ***débit*** du compte « 666 Pertes de change ».

4 Autres charges et produits d'exploitation

Prestations de services et travaux immobiliers

Achats de prestations de services

Il s'agit de charges externes correspondant à des services extérieurs en provenance des tiers liées à l'activité normale de l'entreprise.
Le PCG distingue 2 types de services extérieurs :

- ***ceux liés à l'investissement*** de l'entreprise (entretien et réparations, assurances...) enregistrés au ***débit*** d'une subdivision du compte « 61 Services extérieurs » ;
- ***ceux liés à l'activité*** de l'entreprise (personnel extérieur à l'entreprise, publicité, frais postaux et de télécommunication, services bancaires...) enregistrés au ***débit*** d'une subdivision du compte « 62 Autres services extérieurs ».

Ventes de prestations de services

Il s'agit de produits relatifs à des travaux effectués ou à des services rendus dans le cadre de l'activité principale ou normale de l'entreprise.
Ils sont comptabilisés au crédit des comptes spécifiques suivants prévus par le PCG :

- 704 Travaux
- 705 Études
- 706 Prestations de services
- 708 Produits des activités annexes

Comptabilisation des prestations de services réalisées entre preneur et prestataire établis en France

Elles peuvent faire l'objet de réductions de prix et supporter la TVA. Elles sont comptabilisées à l'achèvement de la prestation d'après la facture.
La TVA est exigible à l'encaissement et non à la facturation, sauf option sur les débits.
Le plus souvent, les prestataires de services et entrepreneurs demandent à leurs clients le versement d'un acompte d'après une facture d'acompte comportant le montant TTC et celui de la TVA.

Acomptes

Chez le fournisseur

512	Banques	X	
4458	TVA à régulariser	X	
4191	Clients – Avances et acomptes reçus sur commandes		X
44571	TVA collectée		X
	DBZ FA d'acompte n° ...		

Chez le client

4091	Fournisseurs – Avances et acomptes versés sur commandes	X	
44566	TVA sur ABS	X	
512	Banques		X
4458	TVA à régulariser		X
	ULM FA d'acompte n° ...		

Facturation (règlement à crédit)

Chez le fournisseur

411	Clients	X	
4191	Clients – Avances et acomptes reçus sur commandes	X	
706	Prestations de services		X
4458	TVA à régulariser		X
44574	TVA collectée sur encaissements		X
	DBZ FA n° ...		

Chez le client

61/62	Services extérieurs	X	
44564	TVA déductible sur encaissements	X	
4458	TVA à régulariser	X	
401	Fournisseurs		X
4091	Fournisseurs – Avances et acomptes versés sur commandes		X
	ULM FA n° ...		

Règlement de la facture

512	Banques	X	
44574	TVA collectée sur encaissements	X	
411	Clients		X
44571	TVA collectée		X
	DBZ CH n° …		

401	Fournisseurs	X	
44566	TVA sur ABS	X	
512	Banques		X
44564	TVA déductible sur encaissements		X
	ULM CH n° …		

Si le prestataire de services ou l'entrepreneur opte pour le paiement de la TVA d'après les débits, le traitement de la TVA est identique à celui des livraisons de biens. Toutefois, la TVA reste exigible pour le fournisseur lors de l'encaissement d'acomptes.

Impôts et taxes

Il s'agit de charges fiscales classées en charges d'exploitation (en est exclu l'impôt sur les sociétés) destinées à subvenir aux dépenses publiques et à financer des actions d'intérêt économique et social. On distingue :

- ***charges fiscales assises sur les salaires*** (taxe d'apprentissage, participation à la formation professionnelle continue…) ;
- ***charges assises sur d'autres critères*** (impôts locaux, droits d'enregistrement…).

Elles sont comptabilisées au débit d'une subdivision du compte « 63 Impôts, taxes et versements assimilés » suivant l'organisme collecteur par le crédit des comptes de tiers correspondant ou d'un compte de trésorerie.

Charges de personnel

Principes

Les charges de personnel comprennent :

Les salaires bruts
Rémunérations des salariés + Cotisations sociales salariales retenues par l'employeur
Les charges sociales patronales
Calculées à partir des salaires bruts

La base de calcul de certaines cotisations est plafonnée à un certain montant. On distingue 3 tranches (révisables chaque année) : **A**, **B**, **C**.
Le salarié perçoit le salaire net à payer qui est égal à :

Salaire Brut – Cotisations salariales – Autres retenues + Indemnités

L'employeur remet à chaque salarié un bulletin de paie.

Comptabilisation

Les coûts relatifs aux rémunérations du personnel ainsi que les charges sociales patronales sont inscrits dans des subdivisions du compte « 64 Charges de personnel ». Les créances et dettes envers le personnel et les organismes sociaux sont enregistrées respectivement dans les subdivisions du compte « 42 Personnel et comptes rattachés » et « 43 Sécurité sociale et autres organismes sociaux ».
L'employeur déclare et verse simultanément aux organismes sociaux les cotisations salariales et patronales.
On distingue plusieurs étapes :

Acompte et avance sur salaire

425	Personnel – Avances et acomptes	X	
512	Banques		X
	Lover CH n° …		

Salaires bruts (+ Indemnités de transport)	641 421	Rémunérations du personnel Personnel – Rémunérations dues *D'après livre de paie, folio n° …*	X	 X
Retenues sur salaire	421 431 437 425 427	Personnel – Rémunérations dues Sécurité sociale Autres organismes sociaux Personnel – Avances et acomptes Personnel – Oppositions *D'après livre de paie, folio n° …*	X	 X X X X
Règlement des salaires	421 512	Personnel – Rémunérations dues Banques *VIR n° …, n° …, n° …*	X	 X
Constatation des charges patronales	645 431 437	Charges de sécurité sociale et de prévoyance Sécurité sociale Autres organismes sociaux *Journal des charges patronales, folio n° …*	X	 X X
Règlement des organismes sociaux	431 437 512	Sécurité sociale Autres organismes sociaux Banques *VIR n° …, n° …*	X X	 X

Subventions d'exploitation

Elles constituent des aides financières non remboursables dont bénéficie l'entreprise pour lui permettre de compenser l'insuffisance de certains produits d'exploitation ou de faire face à certaines charges (aide à la faisabilité d'un projet innovant, aide au développement d'une activité d'exportation…).

Octroi de la subvention	441 74	État – Subventions à recevoir Subventions d'exploitation *Subvention*	X	 X
Encaissement de la subvention	512 441	Banques État – Subventions à recevoir *Avis de crédit n° …*	X	 X

5 Trésorerie et valeurs mobilières de placement

Définition des documents comptables

Pièce de caisse	Document interne établi par une entreprise à la suite d'un encaissement ou d'un règlement effectué en espèces.
Chèque CH	Écrit par lequel une personne, le tireur, titulaire d'un compte bancaire, donne l'ordre à son banquier, le tiré, de payer à vue une somme déterminée à une autre personne appelée le bénéficiaire (tireur lui-même ou un tiers).
Ordre de virement	Opération qui consiste à transférer des fonds d'un compte bancaire à un autre compte bancaire.
Lettre de change relevé : LCR	Écrit par lequel une personne, le tireur, donne l'ordre à une autre personne, le tiré, de payer à une certaine échéance, une somme déterminée à un bénéficiaire, qui est le tireur lui-même ou un tiers.
Billet à ordre relevé : BOR	Écrit par lequel une personne, appelée souscripteur, s'engage à payer à une certaine échéance une somme déterminée à une autre personne appelée bénéficiaire.

Les espèces, les chèques et les virements sont des instruments de paiement au comptant. Les LCR et BOR, qui sont des effets de commerce, sont des instruments de paiement et de crédit.

Comptes de trésorerie (Banques, Chèques postaux, Caisse)

Ils font l'objet *d'encaissements* (Emploi/Débit) et/ou de *décaissements* (Ressource/Crédit) suivant la nature de l'opération.

Effets de commerce (Lettre de change, billet à ordre)

Création des effets de commerce

À l'acceptation d'une LCR ou à la création d'un BOR, l'écriture est :

Chez le fournisseur

413	Clients – Effets à recevoir	X	
411	Clients		X
	DBZ LCR ou BOR n° …		

Chez le client

401	Fournisseurs	X	
403	Fournisseurs – Effets à payer		X
	ULM LCR ou BOR n° …		

Encaissement d'effets à recevoir

À l'échéance, la banque est chargée de l'encaissement des effets.

Avant l'échéance
Remise des effets endossés

5113	Effets à l'encaissement	X	
413	Clients – Effets à recevoir		X
	Bordereau d'encaissement n° …		

Après l'échéance
Net encaissé = Valeur nominale − (Commissions + TVA)

512	Banques	X	
6275	Frais sur effets	X	
44566	TVA sur ABS	X	
5113	Effets à l'encaissement		X
	Avis de crédit n° …		

Négociation ou remise à l'escompte d'effets à recevoir

Le tireur ou le bénéficiaire endosse l'effet à sa banque pour obtenir des liquidités avant la date d'échéance.

Avant l'échéance
Remise des effets endossés

5114	Effets à l'escompte	X	
413	Clients – Effets à recevoir		X
	Bordereau d'escompte n° …		

Avis de crédit
Valeur nette = Valeur nominale − Escompte − (Commissions + TVA)

512	Banques	X	
661	Charges d'intérêts	X	
6275	Frais sur effets	X	
44566	TVA sur ABS	X	
5114	Effets à l'escompte		X
	Avis de crédit n° …		

Il existe d'autres modes de mobilisation de créances (cessions de créances « loi Dailly », LCR magnétique et crédit de mobilisation de créances).

Paiement des effets à payer

Le tiré ou le souscripteur donne l'ordre à sa banque de payer les traites arrivées à échéance d'après le relevé des effets à payer adressé par sa banque.

403 512	Fournisseurs – Effets à payer Banques *Avis de débit n° ...*	X	 X

Valeurs mobilières de placement (VMP)

Classification des VMP

Les VMP sont des titres acquis en vue de réaliser un gain à brève échéance. On distingue 2 natures de titres :

Les actions	Droit de propriété Revenu variable (dividende)
Les obligations	Droit de créance Revenu fixe (intérêt)

Coût d'acquisition des VMP

Le coût d'entrée des VMP est évalué au coût d'acquisition :

Coût d'acquisition = Prix d'achat + Coûts directement attribuables

Les frais d'acquisition de titres HT prélevés par les banques peuvent être, sur option, soit comptabilisés en charges, soit intégrés au coût d'acquisition.

Comptabilisation des acquisitions de VMP

À la date d'entrée dans le patrimoine, les comptes « 50 Valeurs mobilières de placement » et « 44566 TVA sur ABS» sont ***débités*** respectivement pour le coût d'acquisition des titres et pour la TVA récupérable sur les frais d'acquisition par le ***crédit*** d'un compte de trésorerie.

503 506 6271 44566 512	Actions Obligations Frais sur titres (sur option) TVA sur ABS Banques *Avis de débit n° ...*	X X X X	 X

Comptabilisation des revenus de VMP

L'encaissement des revenus des VMP est comptabilisé au ***crédit*** du compte «764 Revenus des VMP» par le ***débit*** du compte « 512 Banques ».

Comptabilisation des cessions de VMP

Le résultat de cession (caractère financier) doit être calculé et comptabilisé.

Résultat de cession = Prix de cession – Coût d'acquisition

On constate :

- ***soit une plus-value*** : Prix de cession > Coût d'acquisition
- ***soit une moins-value*** : Prix de cession < Coût d'acquisition

Les frais de cession peuvent être enregistrés soit en charges, soit imputés sur le prix de cession.
La cession des VMP nécessite la comptabilisation de deux opérations :

- ***la cession*** au prix de cession ;
- ***la sortie du patrimoine*** pour la valeur d'entrée des titres cédés.

Comptabilisation de la cession de titre avec plus-value

Le prix de cession et la valeur d'entrée sont comptabilisés au compte « 767 ». Son solde correspond au montant de la plus-value.

512 767	Banques Produits nets sur cessions de VMP *Titres cédés : avis de crédit n° …*	X	 X
767 50	Produits nets sur cessions de VMP VMP *Pour solde des titres*	X	 X

Comptabilisation de la cession de titre avec moins-value

Le prix de cession et la valeur d'entrée sont comptabilisés au compte « 667 ». Son solde correspond au montant de la moins-value.

512 667	Banques Charges nettes sur cessions de VMP *Titres cédés : avis de crédit n° …*	X	 X
667 50	Charges nettes sur cessions de VMP VMP *Pour solde des titres*	X	 X

État de rapprochement

L'entreprise doit vérifier régulièrement son compte bancaire, à l'aide des relevés de compte fournis par les organismes financiers, afin de contrôler la réciprocité et la simultanéité des enregistrements effectués dans la comptabilité de l'entreprise et dans celle de l'organisme financier.

▸ *Phase 1 : l'entreprise dresse deux tableaux*

Compte « 512 Banques » au grand livre

Libellés	Débit	Crédit
Solde fin de période au … = Solde créditeur ou débiteur du compte « 512 Banques »	**X**	ou **X**

Corriger ce solde
à l'aide des opérations figurant sur le « Relevé de compte » et non encore enregistrées dans la comptabilité.

Compte envoyé par la banque – Relevé bancaire –

Libellés	Débit	Crédit
Solde fin de période au … = Solde créditeur ou débiteur du dernier relevé	**X**	ou **X**

Corriger ce solde
à l'aide des opérations figurant dans la comptabilité de l'entreprise et non encore enregistrées par la banque.

L'entreprise calcule les nouveaux soldes et vérifie leur concordance (soldes identiques mais de sens contraire).

▸ *Phase 2 : l'entreprise ajuste son compte « 512 Banques »*

Elle enregistre dans sa comptabilité les opérations manquantes récapitulées dans le tableau : compte « 512 – Banques » au grand livre.

Écritures de redressement relatives aux encaissements

512	Banques	X	
411	Clients		X
7…	Produits …		X
5113	Effets à l'encaissement		X
5114	Effets à l'escompte		X
	État de rapprochement du mois de …		

Écritures de redressement relatives aux décaissements

627	Services bancaires	X	
6…	Charges …	X	
44566	TVA sur ABS	X	
401	Fournisseurs	X	
4…	…	X	
403	Effets à payer	X	
661	Charges d'intérêts	X	
512	Banques		X
	État de rapprochement du mois de …		

6 Investissements et opérations de financements

Opérations d'investissement

Les investissements sont des biens acquis ou fabriqués par l'entreprise, estimés utiles et destinés à servir de façon durable à l'activité de l'entreprise.

Nature des immobilisations

Ce sont des biens sur lesquels l'entreprise exerce un droit de propriété ou dispose de leur contrôle. Elles constituent l'actif immobilisé qui comprend :

20 Immobilisations incorporelles Actif non monétaire sans substance physique et frais liés à la constitution ou au développement de l'entreprise	
201 Frais d'établissement	Dépenses engagées à l'occasion d'opérations qui conditionnent l'existence ou le développement de l'entreprise (prospection, publicité…). La méthode préférentielle est la comptabilisation en charges.
203 Frais de recherche et de développement	Seuls les frais de développement qui se rapportent à des projets nettement individualisés ayant de sérieuses chances de réussite et dont le coût est distinctement établi sont concernés.
205 Concessions … brevets, … et valeurs similaires	Dépenses faites pour l'obtention de l'avantage que constitue la protection accordée, à l'inventeur, à l'auteur, au bénéficiaire du droit d'exploitation d'un brevet, d'une licence… Dépenses d'acquisition ou de création de logiciels, de conception et de développement de sites actifs.
206 Droit au bail	Montant versé ou dû au locataire précédent en considération du transfert à l'acheteur des droits résultant tant des conventions que de la propriété commerciale.
207 Fonds commercial	Éléments incorporels du fonds de commerce, y compris le droit au bail, qui ne font pas l'objet d'une évaluation et d'une comptabilisation séparées au bilan.

21 Immobilisations corporelles Actif physique	
211 Terrains	Valeur des terrains : terrains nus et/ou aménagés, sous-sols et sur-sols, carrières, terrains bâtis…
212 Agencements et aménagements de terrains	Dépenses faites en vue de l'aménagement des terrains : clôtures, mouvements de terres…
213 Constructions	Bâtiments, installations, agencements et aménagements, ouvrages d'infrastructure.
214 Constructions sur sol d'autrui	Valeur des constructions édifiées sur le sol d'autrui.
215 Installations techniques, matériel et outillages industriels	Installations complexes spécialisées, matériels industriels ainsi que l'outillage, leurs agencements et aménagements.
218 Autres immobilisations corporelles	Installations générales, agencements, aménagements lorsqu'ils sont incorporés dans des immobilisations dont l'entité n'est pas propriétaire ; matériel de transport, matériel de bureau et d'informatique, mobilier et emballages récupérables identifiables.

Les immobilisations incorporelles et corporelles doivent répondre à 3 conditions ▶

- leur valeur économique positive résulte de la perception d'avantages économiques futurs (potentiel de l'immobilisation à générer des flux nets de trésorerie) liés à leur utilisation
- elles doivent être identifiables
- leur coût ou leur valeur doit être évalué avec une fiabilité suffisante

Lorsqu'elles ne remplissent pas ces conditions, elles sont traitées en charges. Les biens inférieurs à 500 € HT sont comptabilisés en charges.
Les biens d'une durée d'utilisation inférieure à 12 mois ne sont pas considérés comme des immobilisations.

26/27 Immobilisations financières Actif représentant des créances assimilables à des prêts et des titres que l'entreprise désire conserver durablement	
261 Titres de participation	Titres dont la possession durable est estimée utile à l'activité de l'entreprise (exercer une influence sur la société ou en assurer le contrôle).
267 Créances rattachées à des participations	Créances nées à l'occasion de prêts octroyés à des entités dans lesquelles le prêteur détient une participation.
271 Titres immobilisés autres que les TIAP (droit de propriété)	Titres (droit de propriété) donnés en nantissement ou faisant l'objet d'un blocage temporaire supérieur à un an.
272 Titres immobilisés (droit de créance)	Titres (droit de créance) faisant l'objet d'un blocage temporaire supérieur à un an (obligations et bons).
273 Titres immobilisés de l'activité de portefeuille (TIAP)	Portefeuille de titres acquis pour en retirer rapidement une rentabilité satisfaisante (aucune intervention dans la gestion des entreprises).
274 Prêts	Prêts à long et moyen terme accordés par l'entreprise à des tiers.
275 Dépôts et cautionnement versés	Sommes versées à des tiers à titre de garantie et indisponibles jusqu'à la réalisation d'une condition suspensive.
276 Autres créances immobilisées	Créances qui seront récupérées à long, moyen et court terme, ainsi que les intérêts courus.

Valeur d'entrée des immobilisations

Immobilisations incorporelles et corporelles

Leur valeur d'entrée dans le patrimoine correspond au coût d'acquisition HT :

Coût d'acquisition = Prix d'achat net + Frais liés à l'acquisition

Le prix d'achat net se compose du prix d'achat HT déduction faite des réductions commerciales et de l'escompte de règlement éventuel.
Les frais liés à l'acquisition comprennent :
– les coûts directement attribuables nécessaires à la mise en place et à la mise en état pout l'utilisation du bien (frais de transport, d'installation...) ;
– les droits de douane ;
– la TVA et les taxes assimilées non récupérables ;
– les frais à caractère juridique et fiscal (commissions, frais d'acte, droits d'enregistrement...). Ces frais peuvent sur option être comptabilisés en charges.

Immobilisations produites par l'entreprise pour elle-même

Il s'agit d'immobilisations fabriquées par l'entreprise pour elle-même.
Leur valeur d'entrée dans le patrimoine est évaluée au coût de production :

Coût de production = Coût d'achat des matières et fournitures + Charges de production

Immobilisations financières

Le coût d'entrée des titres dans le patrimoine correspond à leur coût d'acquisition. Les frais prélevés par les banques peuvent être, sur option, comptabilisés en charges financières ou intégrés au coût d'acquisition.

Comptabilisation

Immobilisations incorporelles et corporelles

Selon la nature de l'immobilisation, les comptes « 20 et 21 » sont subdivisés.

20..	Comptes d'immobilisations incorporelles	X	
21..	Comptes d'immobilisations corporelles	X	
44562	TVA sur immobilisations	X	
404	Fournisseurs d'immobilisations		X
	FA n° …		

Si des avances ou des acomptes ont été comptabilisés au ***débit*** des comptes « 237 Avances et acomptes versés sur immobilisations incorporelles » ou « 238 Avances et acomptes versés sur commandes d'immobilisations corporelles », il faut les ***solder*** lors de l'enregistrement de la facture.

Immobilisations produites par l'entreprise pour elle-même

Ces immobilisations n'entraînent pas en contrepartie de sortie monétaire, mais un enrichissement de l'entreprise enregistré au ***crédit*** du compte « 72 Production immobilisée ».

20..	Comptes d'immobilisations incorporelles	X	
21..	Comptes d'immobilisations corporelles	X	
44562	TVA sur immobilisations	X	
72	Production immobilisée		X
44571	TVA collectée		X
	Fiche analytique n° …		

Immobilisations corporelles par composants

L'entreprise doit distinguer parmi ses immobilisations corporelles amortissables (voir fiche 9) celles qui sont décomposables ou non.

Immobilisations non décomposables	Constituées d'éléments ayant tous la même durée d'utilisation et exploités de façon indissociable (mobilier, matériel de bureau…).
Immobilisations décomposables	Constituées d'éléments identifiables ayant chacun une durée d'utilisation différente, devant faire l'objet de remplacement à intervalles réguliers ou procurant des avantages économiques selon un rythme différent (immeuble : structure, ascenseur, chaufferie…).

Le coût d'acquisition ou de production des immobilisations décomposables est, dès leur entrée, ventilé par composants. Les composants formant l'immobilisation dans son ensemble comprennent :

- ***la structure*** : partie non décomposée de l'immobilisation ;
- ***les composants de 1re catégorie*** : autres éléments principaux destinés à être remplacés ;
- ***sur option, les composants de 2e catégorie*** : dépenses futures de gros entretien et grandes visites faisant l'objet de programmes pluriannuels.

Chaque composant est comptabilisé séparément dans un sous-compte du compte principal concerné.
Lors du renouvellement d'un composant à un coût différent de celui d'origine, la valeur globale de l'immobilisation est modifiée.

Immobilisations financières

Selon la nature de l'immobilisation, les comptes « 26 et 27 » sont subdivisés.

261	Titres de participation	X	
271/272	Titres immobilisés …	X	
6271	Frais sur titres (sur option)	X	
44566	TVA sur ABS	X	
274	Prêts	X	
512	Banques		X
	Avis de débit n° …		

Opérations de financement

Nature des financements

L'entreprise peut choisir l'un des modes de financement suivants :

Financement

- Délai de paiement accordé par le fournisseur d'immobilisation
- Emprunt auprès d'un établissement financier
- Subvention d'investissement
- Crédit-bail

Emprunt

L'entreprise distingue la réalisation de l'emprunt de son remboursement :

Réalisation de l'emprunt	512 164	Banques Emprunts auprès des établissements de crédit *Avis de crédit n° …*	X	 X
Annuité de remboursement = Amortissements + Intérêts	164 661 512	Emprunts auprès des établissements de crédit Charges d'intérêts Banques *Avis de débit n° …*	X X	 X

Subvention d'investissement

Les subventions d'investissement sont des aides financières, non remboursables, octroyées aux entreprises par l'État ou par des collectivités publiques en vue d'acquérir ou de créer des valeurs immobilisées ou de financer des activités à long terme.
Elles constituent généralement un élément des capitaux propres.

Octroi de la subvention	441 131	État – Subventions à recevoir Subventions d'équipement *Notification n° …*	X	 X
Encaissement de la subvention	512 441	Banques État – Subventions à recevoir *Avis de crédit n° …*	X	 X

Lors des travaux d'inventaire, la subvention d'investissement est rapportée au résultat de manière échelonnée d'après des règles particulières.
La subvention d'investissement peut également être comprise dans le résultat de l'exercice au cours duquel elle est attribuée. Elle est alors enregistrée au ***crédit*** du compte « 777 Quote-part des subventions d'investissement virée au résultat de l'exercice ».

Crédit-bail

Le crédit-bail est une opération qui consiste à louer, contre versement d'une redevance, des biens mobiliers ou immobiliers.

612 44566 512	Redevances de crédit-bail TVA sur ABS Banques *FA n° … ; VIR n° …*	X X	 X

L'entreprise locataire a la possibilité d'acquérir les biens loués pour un prix fixé à l'avance. Cette opération s'intitule « levée de l'option d'achat ».

20./21. 44562 512	Comptes d'immobilisations concernés TVA sur immobilisations Banques *FA n° … ; VIR n° …*	X X	 X

7 Régularisation des stocks

Les stocks sont des biens ou des services qui interviennent dans le cycle d'exploitation de l'entreprise pour être soit vendus, soit consommés au premier usage. D'après la méthode de ***l'inventaire intermittent***, la régularisation des stocks consiste, à la fin de l'exercice comptable :

- à évaluer la valeur du stock final à partir des quantités réelles et d'après les méthodes du CMUP ou PEPS ;
- à annuler les stocks initiaux ;
- à créer les stocks finals ;
- à constater les variations de stocks à intégrer au compte de résultat.

Classification et évaluation des stocks

Stocks relatifs aux achats évalués au coût d'acquisition Prix d'achat HT – Réductions commerciales et escomptes de règlement + Coût directement attribuables	
Comptes de stocks	Comptes de variation des stocks
3**1** Matières premières (et fournitures)	603**1** Variation des stocks de matières premières
3**2** Autres approvisionnements	603**2** Variation des stocks des autres approvisionnements
3**7** Stocks de marchandises	603**7** Variation des stocks de marchandises

Stocks relatifs à la production évalués au coût de production Coût d'acquisition des matières consommées + Charges directes de production + Charges indirectes de production	
Comptes de stocks	Comptes de variation des stocks
3**3** En-cours de production de biens	713**3** Variation des en-cours de production de biens
3**4** En-cours de production de services	713**4** Variation des en-cours de production de services
3**5** Stocks de produits finis	713**5** Variation des stocks de produits

Comptabilisation

Annulation des stocks initiaux

603.	Variation des stocks …	X	
713.	Variation des stocks …	X	
3....	Comptes de stocks concernés		X
	Annulation des stocks initiaux		

Création des stocks finals

3....	Comptes de stocks concernés	X	
603.	Variation des stocks …		X
713.	Variation des stocks …		X
	Stocks finals constatés		

Variations des stocks et compte de résultat

Il est nécessaire de corriger les achats du montant des variations.

Variation des stocks = Stock initial – Stock final

Achats + Variation des stocks (SI > SF = SD)
ou
Achats – Variation des stocks (SI < SF = SC)
= Coût d'achat des marchandises vendues et/ou Coût d'achat des matières et autres approvisionnements consommés

La production vendue doit être corrigée du montant de la production stockée.

Production stockée = Stock final – Stock initial

Production vendue + Variation des stocks (SF > SI = SC)
ou
Production vendue – Variation des stocks (SF < SI = SD)
= Production de l'exercice

8 Ajustements de charges et de produits

La régularisation des comptes de charges et de produits consiste à rattacher au résultat de l'exercice toutes les charges et tous les produits de l'exercice, mais eux seuls, afin de respecter le principe d'indépendance des exercices.

Charges et produits constatés d'avance

Il s'agit de charges et de produits enregistrés pendant l'exercice qui s'achève alors qu'ils concernent en partie ou en totalité l'exercice ultérieur. Il faut les exclure de l'exercice « N » pour ne prendre en compte que les charges et les produits relatifs à la période.

486 6...	Charges constatées d'avance Comptes de charges concernés *État n° …*	X	 X

7... 487	Comptes de produits intéressés Produits constatés d'avance *État n° …*	X	 X

Ces opérations n'entraînent aucune régularisation de TVA ; les charges et les produits constatés d'avance sont enregistrés HT.
Le compte « 486 Charges constatées d'avance » est un ***compte de régularisation actif*** qui constitue le dernier poste de l'actif circulant du bilan.
Le compte « 487 Produits constatés d'avance » est un ***compte de régularisation passif*** qui constitue le dernier poste des dettes au bilan.

Charges à payer et produits à recevoir

Il s'agit de charges et de produits suffisamment connus et évaluables concernant l'exercice qui s'achève mais non encore comptabilisés faute de documents justificatifs. Il faut les inclure dans l'exercice « N » afin de les rattacher à l'exercice.

Les dettes et les créances à venir figurent dans les comptes rattachés aux comptes de tiers concernés.

Lorsque l'opération est assujettie à la TVA, son montant est porté :

- ***pour les charges à payer*** : au ***débit*** du compte « 44586 TCA sur factures non parvenues » ;
- ***pour les produits à recevoir*** : au ***crédit*** du compte « 44587 TCA sur factures à établir ».

6..	Comptes de charges concernés	X	
44586	TCA sur factures non parvenues	X	
1688	Intérêts courus		X
408	Fournisseurs – Factures non parvenues		X
4286	Personnel – Autres charges à payer		X
4486	État – Charges à payer		X
4686	Divers – Charges à payer		X
	Facture(s) non parvenue(s)		

2768	Intérêts courus	X	
418	Clients – Produits non encore facturés	X	
4287	Personnel – Produits à recevoir	X	
4387	Organismes sociaux – Produits à recevoir	X	
4487	État – Produits à recevoir	X	
4687	Divers – Produits à recevoir	X	
7...	Comptes de produits concernés		X
44587	TCA sur factures à établir		X
	Facture(s) non établie(s)		

Régularisation des rabais, remises et ristournes

▸ Rabais, remises et ristournes à accorder

Ils sont assimilés à des charges à payer pour le fournisseur.

709	RRR accordés par l'entreprise	X	
44587	TCA sur factures à établir	X	
4198	RRR à accorder et autres avoirs à établir		X
	Avoir non établi		

▸ Rabais, remises et ristournes à obtenir

Ils sont assimilés à des produits à recevoir pour le client.

4098	RRR à obtenir et autres avoirs non encore reçus	X	
609	RRR obtenus sur achats		X
44586	TCA sur factures non parvenues		X
	Avoir non parvenu		

Contrepassation

À l'ouverture de l'exercice suivant (N + 1), les écritures de régularisation de charges et de produits sont contre-passées.

9 Amortissements

L'entreprise doit, dans le respect des règles comptables et fiscales, constater à chaque inventaire l'amortissement annuel de chaque immobilisation amortissable. Lorsque des divergences existent entre les règles comptables et les règles fiscales, portant sur la base amortissable, la durée d'utilisation ou le mode d'amortissement, l'entreprise doit procéder soit à la constatation d'un amortissement dérogatoire, soit à la réintégration d'une fraction des amortissements comptables.

Définitions

Utilisation déterminable	L'utilisation d'une immobilisation est déterminable lorsque l'usage attendu est limité dans le temps du fait de critères physique (usure), technique (obsolescence), juridique (durée de protection). Les biens dont la durée d'utilisation est indéterminable ne sont pas amortissables (droit au bail, fonds commercial, marques, terrains et immobilisations financières).
Mesure de l'utilisation	La mesure de l'utilisation se réfère à la durée réelle d'utilisation du bien dans l'entreprise. L'utilisation du bien se mesure par la consommation des avantages économiques attendus de l'actif. Elle peut être déterminée par une unité de mesure telle que : l'unité de temps (durée d'utilisation) ou l'unité d'œuvre (nombre de pièces produites…).
Valeur amortissable	Le montant amortissable d'un actif est sa valeur brute sous déduction, le cas échéant, de sa valeur résiduelle. La répartition de la valeur amortissable de l'immobilisation s'effectue selon le rythme de consommation des avantages économiques attendus de l'actif par l'entreprise.
Valeur résiduelle	La valeur résiduelle est le montant, déduction faite des coûts de sortie attendus, que l'entreprise obtiendrait de la cession de l'actif sur le marché à la fin de son utilisation : Valeur résiduelle = Prix de cession – Coûts de sortie Elle doit être déterminée lors de l'entrée de l'actif dans le patrimoine. Elle n'est prise en compte dans la valeur amortissable que si elle est à la fois significative et mesurable.

Plan d'amortissement

Il est établi pour chaque bien amortissable dès l'entrée du bien à l'actif.

Date	Base à amortir	Annuité	Amortissements cumulés	VNC
....	....	....	....	....

En principe, pour évaluer la base amortissable et le montant des amortissements comptables, il faut tenir compte :

- ***du mode d'amortissement*** le mieux adapté au rythme de consommation des avantages économiques futurs, indépendamment des modes d'amortissement fiscalement admis. À défaut, le mode linéaire est retenu ;
- ***des durées réelles*** d'utilisation, définies par l'entreprise, indépendamment des durées d'usage fiscales, sauf pour les PME sous conditions ;
- ***de la valeur résiduelle*** pouvant modifier la base amortissable, le cas échéant ;
- ***du point de départ*** de l'amortissement correspondant à la date de début de consommation des avantages économiques attendus (le plus souvent la date de mise en service du bien).

Un plan d'amortissement peut être modifié à la suite de certains événements (dépréciation constatée, dépenses ultérieures…) intervenus au cours de la vie du bien concerné. La modification porte soit sur la valeur du bien amortissable, soit sur sa durée d'utilisation.

Modes d'amortissement fiscaux

<table>
<tr><th colspan="2">Modalités de calcul du mode linéaire</th></tr>
<tr><th>Éléments</th><th>Règles</th></tr>
<tr><td>Base de calcul de l'amortissement</td><td>Base de calcul constante égale à la valeur d'origine (VO) :
• pour les biens acquis à titre onéreux :
VO = Coût d'acquisition HT
• pour les biens créés par l'entreprise :
VO = Coût de production</td></tr>
<tr><td>Taux d'amortissement</td><td>Taux constant (T %) déterminé en fonction de la durée d'usage fiscale (100 / Durée d'utilisation).</td></tr>
<tr><td>Point de départ de l'amortissement</td><td>Date de mise en service de l'immobilisation.</td></tr>
<tr><td>Calcul de l'annuité</td><td>Annuité constante = V0 x T %
Pour les biens acquis en cours d'exercice, le montant de la première annuité est réduit prorata temporis (temps décompté en jours : 360 jours par an, 30 jours par mois). La dernière annuité est le complément de la première annuité.</td></tr>
<tr><td>Durée de l'amortissement</td><td>L'amortissement s'étale sur la durée d'usage fiscale du bien, plus un exercice pour les biens acquis en cours d'exercice.</td></tr>
<tr><th colspan="2">Modalités de calcul du mode dégressif</th></tr>
<tr><th>Éléments</th><th>Règles</th></tr>
<tr><td>Base de calcul de l'amortissement</td><td>Base de calcul dégressive égale :
– à la valeur d'origine pour la première annuité ;
– à la valeur nette comptable (VNC) du bien à la clôture de l'exercice précédent pour les autres annuités.
La VNC est obtenue par différence entre la valeur d'origine et les amortissements cumulés (somme des annuités).</td></tr>
<tr><td>Taux d'amortissement</td><td>Taux dégressif (T %) : T % = Taux linéaire x Coefficient
Le coefficient est variable selon la durée d'utilisation du bien :
<table>
<tr><th rowspan="2">Durée</th><th colspan="3">Biens acquis</th></tr>
<tr><th>jusqu'au 31/12/2000</th><th>entre le 1/1/2001 et le 3/12/2008 et à partir du 1/1/2010</th><th>entre le 4/12/2008 et le 31/12/2009*</th></tr>
<tr><td>3 ou 4 ans</td><td>1,5</td><td>1,25</td><td>1,75</td></tr>
<tr><td>5 ou 6 ans</td><td>2</td><td>1,75</td><td>2,25</td></tr>
<tr><td>+ de 6 ans</td><td>2,5</td><td>2,25</td><td>2,75</td></tr>
</table>
* Coefficients majorés de 0,5 dans le cadre du plan de relance de l'économie.</td></tr>
<tr><td>Point de départ de l'amortissement</td><td>Premier jour du mois d'acquisition.</td></tr>
<tr><td>Calcul de l'annuité</td><td>Annuité dégressive :
– première annuité : VO x T %
– autres annuités : VNC x T %
Pour les biens acquis en cours d'exercice, le montant de la première annuité est réduit prorata temporis (temps décompté en mois). La dernière annuité n'est pas le complément de la première.</td></tr>
<tr><td>Durée de l'amortissement</td><td>L'amortissement est effectué sur la durée d'usage fiscale du bien. Pour que la VNC soit nulle à la fin de la dernière année, il faut appliquer la règle suivante :
– si : $\text{Taux dégressif} \leq \dfrac{100}{\text{Nombre d'années restant à courir}}$
– alors : $\text{Annuités restantes} = \dfrac{100}{\text{Nombre d'années restant à courir}}$</td></tr>
</table>

Cas des immobilisations décomposables

La valeur brute d'une immobilisation décomposable doit être ventilée entre la structure et les composants de 1re et 2e catégories (voir page 22).
Sont jugés significatifs les composants qui répondent aux critères suivants :

La valeur est supérieure soit :	• à 500 € HT • à 15 % du prix de revient total de l'immobilisation (biens meubles) • à 1 % du prix de revient total de l'immobilisation (immeubles)
La durée d'amortissement est :	• soit < 80 % de la durée d'utilisation de l'immobilisation • soit > 12 mois

La structure et chacun des composants d'une immobilisation font l'objet d'un plan d'amortissement spécifique.

Conditions d'amortissement		
Règle comptable	**Règle fiscale**	**Conséquences fiscales**
La structure et les composants sont amortis sur leur propre durée d'utilisation et selon le mode le mieux adapté.	Le composant identifié à l'origine, peut être amorti sur la durée d'usage de la structure, si avantage fiscal. La structure et les composants peuvent bénéficier du mode dégressif.	Constatation d'un amortissement dérogatoire pour la différence entre la dotation aux amortissements comptables et celle fiscalement déductible.

Sur le plan fiscal, les dépenses d'entretien comptabilisées comme composants de 2e catégorie ne sont pas reconnues et ne peuvent faire l'objet d'un plan d'amortissement spécifique. Il en résulte plusieurs retraitements fiscaux :

- réintégration des dotations aux amortissements excédentaires constatées en comptabilité ;
- réintégration de la VNC non nulle (charge exceptionnelle) du composant d'origine lors de son remplacement ;
- déduction extra-comptable du supplément d'actif lié au remplacement du composant d'origine.

Comptabilisation des amortissements

▶ Amortissements comptables

Ils constituent une charge non décaissable et un amoindrissement de la valeur d'un élément de l'actif.

6811 28...	Dotations aux amortissements sur immobilisations incorporelles et corporelles Amortissements des ... *Suivant plan d'amortissement*	X	 X

▶ Amortissements dérogatoires
=
Annuité fiscale – Annuité comptable

Ils sont assimilés à des provisions réglementées et constituent un accroissement des capitaux propres ; ils n'affectent donc pas la VNC des biens.

En fin de période d'amortissement, l'amortissement dérogatoire est nul.

Annuité fiscale > Annuité comptable

6872 145	Dotations aux provisions réglementées (immobilisations) Amortissements dérogatoires *Annuité dérogatoire*	X	 X

Annuité fiscale < Annuité comptable

145 7872	Amortissements dérogatoires Reprises sur provisions réglementées (immobilisations) *Reprise amortissement dérogatoire*	X	 X

Amortissements exceptionnels fiscaux

Ils correspondent à des avantages fiscaux destinés à favoriser certains investissements et non pas à l'objet normal d'un amortissement. Ils s'effectuent, en principe, sur 12 mois. Leur comptabilisation est identique à celle relative aux amortissements dérogatoires issus des divergences comptables et fiscales.

10 Dépréciations

Principes

Le respect du principe de prudence oblige l'entreprise à apprécier, lors de chaque inventaire, si ses éléments d'actif (immobilisations, stocks, créances et titres) ont perdu de leur valeur de manière significative mais temporaire. Dans l'affirmative, il faut constater les dépréciations nécessaires. Celles-ci font l'objet d'un suivi à chaque inventaire afin de les ajuster en fonction de l'évolution de la situation.
On distingue 2 grandes catégories de dépréciations des éléments d'actif ayant chacune leurs propres règles comptables :

- les dépréciations des ***immobilisations incorporelles et corporelles*** ;
- les dépréciations des ***autres éléments d'actif.***

Par contre, leur principe de comptabilisation est identique :

- ***les créations et les augmentations de dépréciations*** sont comptabilisées au ***débit*** d'une subdivision du compte « 68 Dotations aux dépréciations et provisions » par le ***crédit*** du compte de dépréciation concerné ;
- ***les réductions et les annulations de dépréciations*** sont enregistrées au ***débit*** du compte de dépréciation concerné par le ***crédit*** d'une subdivision du compte « 78 Reprises sur dépréciations et provisions ».

Dépréciations des immobilisations incorporelles et corporelles

Démarche

La dépréciation d'une immobilisation incorporelle et corporelle est la constatation que sa valeur actuelle est devenue notablement inférieure à sa VNC.
Le PCG a prévu une démarche particulière pour identifier et déterminer les dépréciations des immobilisations incorporelles et corporelles :

①		②		③
Recherche d'un indice de perte de valeur	si un indice de perte existe	**Réalisation d'un test de dépréciation**	si la valeur actuelle est inférieure à la VNC	**Constatation de la dépréciation**
Apprécier l'existence d'un indice interne ou externe prouvant que l'actif a perdu sensiblement de sa valeur.		*Comparer* la valeur actuelle (VA) à la valeur nette comptable (VNC) élément par élément.		*Calculer* la dépréciation : Dépréciation = VNC – VA

Calcul de la dépréciation

Le calcul de la dépréciation nécessite la connaissance des valeurs suivantes :

Définition des valeurs		
Valeur actuelle	**Valeur vénale**	**Valeur d'usage**
La valeur actuelle (VA) est la plus élevée de la valeur vénale (VV) ou de la valeur d'usage (VU).	La valeur vénale est le montant qui pourrait être obtenu, à la date de clôture, de la vente d'un actif lors d'une transaction conclue à des conditions normales de marché, net des coûts de sortie.	La valeur d'usage est la valeur des avantages économiques futurs attendus de l'utilisation et de la sortie de l'immobilisation. Elle est calculée à partir des estimations de ces avantages économiques futurs attendus. Dans la plupart des cas, la valeur d'usage est déterminée en fonction des flux nets de trésorerie attendus.

Méthode d'évaluation de la dépréciation		
Si VV > VNC	⇒	Pas de dépréciation.
Si VV < VNC	⇒	Calculer la VU pour la comparer à la VV afin de déterminer la VA la plus élevée des deux : Si VA > VNC ⇒ **Pas de dépréciation** Si VA < VNC ⇒ **Dépréciation**

Comptabilisation

Les travaux comptables s'échelonnent sur plusieurs exercices.

Création de la dépréciation en N

6816 29..	Dotations aux dépréciations des immobilisations incorporelles et corporelles Dépréciations des immobilisations … *D'après test de dépréciation*	X	 X

Ajustement des anciennes dépréciations en N + 1 et N + …

Estimation de la nouvelle valeur actuelle

Nouvelle dépréciation > Ancienne dépréciation

6816. 29..	Dotations aux dépréciations des immobilisations incorporelles et corporelles Dépréciations des immobilisations … *D'après test de dépréciation*	X	 X

Nouvelle dépréciation < Ancienne dépréciation

29.. 7816	Dépréciations des immobilisations … Reprises sur dépréciations des immobilisations … *D'après test de dépréciation*	X	 X

Incidences des dépréciations sur les immobilisations amortissables

La constatation d'une dépréciation sur un actif amortissable et son ajustement ultérieur modifient la base amortissable pour l'exercice suivant et nécessitent la révision du plan d'amortissement :

Nouvelle base à amortir pour l'exercice suivant = VNC avant dépréciation – Dépréciation

Il est nécessaire d'élaborer deux plans d'amortissement : l'un qui ne tient pas compte des dépréciations et de leurs ajustements et l'autre qui les intègre (modification de la base amortissable).
Lors de chaque ajustement ultérieur, la base amortissable et le plan d'amortissement seront modifiés. Toutefois, le montant de la reprise des dépréciations est limité :

VNC + Reprises ≤ VNC sans dépréciation
(Valeur brute – Amortissements cumulés)

Pour éviter un retard de déductibilité fiscale de la dépréciation, il est permis de transférer en compte d'amortissement une quote-part de la dépréciation à la clôture de chaque exercice et sur la durée d'utilisation restant à courir du bien. Le montant du transfert est égal à :

Dotations aux amortissements calculées sur la nouvelle base amortissable – Dotations aux amortissements qui auraient été comptabilisées en l'absence de dépréciation

Ce transfert nécessite deux opérations à caractère exceptionnel :

Constatation de reprise de la dépréciation pour le montant du transfert	29.. 7876	Dépréciations des immobilisations ... Reprises sur dépréciations des immobilisations ... *Transfert de la dépréciation*	X	 X
Constatation de la dotation aux amortissements pour le montant du transfert	6871 28..	Dotations aux amortissements exceptionnels des immobilisations Amortissements des immobilisations ... *Transfert de la dépréciation*	X	 X

Dépréciations des stocks

À l'inventaire certains stocks ont une valeur actuelle (valeur d'inventaire) inférieure à leur valeur comptable : un risque probable de perte est apparu. Il est nécessaire de constater une dépréciation du stock final à la clôture de l'exercice.
Le traitement des dépréciations nécessite deux opérations :

Valeur comptable du stock final – Valeur actuelle

Création de la dépréciation relative aux stocks finals en N	6817 39..	Dotations aux dépréciations des actifs circulants Dépréciations des stocks et en-cours *Dépréciation stocks finals*	X	 X
Annulation des dépréciations relatives aux stocks initiaux en N	39 7817	Dépréciations des stocks et en-cours Reprises sur dépréciations des actifs circulants *Annulation dépréciation stocks initiaux*	X	 X

Il n'y a pas d'ajustement entre les nouvelles et les anciennes dépréciations.

Dépréciations des créances

À l'inventaire, certaines créances présentent des risques de non-recouvrement. Les créances subissent alors une perte probable. Il est nécessaire de constater une dépréciation correspondant au risque de perte et d'en suivre l'évolution sur les exercices ultérieurs.

Dépréciation des nouveaux clients

Le traitement des nouveaux clients douteux nécessite deux opérations :

Reclassement de la créance	416 411	Clients douteux Clients *CPL : reclassement de la créance*	X	 X

Dépréciation = Créance HT x % du risque de perte

Création de la dépréciation	6817 491	Dotations aux dépréciations des actifs circulants Dépréciations des comptes clients *CPL : dépréciation*	X	 X

Afin de justifier les dépréciations propres à chaque client, l'entreprise constitue un état de ses créances douteuses à l'inventaire ; par exemple :

Nom du client	Créances		Pourcentage de la dépréciation	Montant
	HT	TVA		
...	...	...	...	...

Ajustements des dépréciations des anciens clients douteux

Il est nécessaire, en fin d'exercice, d'effectuer dans un état récapitulatif l'analyse de chaque ancien client douteux. Le risque de perte peut évoluer : il faut ajuster les dépréciations en conséquence.

Noms	Créance initiale TTC	Règlement effectué en N	Solde créance HT	Nouvelle dépréciation		Ancienne dépréciation	Ajustement	
				%	montant		+	–

On distingue deux types d'ajustement :

Augmentation du risque de perte

Nouvelle dépréciation > Ancienne dépréciation

6817	Dotations aux dépréciations des actifs circulants	X	
491	Dépréciations des comptes clients		X
	CPL : ajustement de la dépréciation		

Diminution du risque de perte

Nouvelle dépréciation < Ancienne dépréciation

491	Dépréciations des comptes clients	X	
7817	Reprises sur dépréciations des actifs circulants		X
	CPL : ajustement de la dépréciation		

Régularisation des anciens clients douteux pour solde

Il faut régler définitivement la situation du client douteux (règlement définitif pour solde…).
La dépréciation est soldée (écriture identique à celle constatant une diminution de dépréciation). Une perte est constatée, le cas échéant :

654	Pertes sur créances irrécouvrables (HT)	X	
44571	TVA collectée (TVA non perçue)	X	
416	Clients douteux (Perte + TVA = Solde créance)		X
	GBD pour solde		

Créance totalement irrécouvrable dans l'exercice

La créance est irrécouvrable, la perte est définitive : il n'y a pas lieu de créer une dépréciation. L'écriture est la suivante :

6714*	Créances devenues irrécouvrables dans l'exercice	X	
44571	TVA collectée	X	
411	Clients		X
	BHL pour solde		

* ou 654

Dépréciations des titres

À l'inventaire, certains titres ont une valeur actuelle inférieure à leur valeur comptable : une moins-value latente est apparue. Il est nécessaire de constater une dépréciation et d'en suivre l'évolution sur les exercices ultérieurs.

Création de la première dépréciation (N)

Les titres sont évalués catégorie par catégorie (même société émettrice et mêmes droits).
Selon la nature des titres, la valeur d'inventaire est fondée sur des critères différents (valeur d'utilité, cours moyen du dernier mois, valeur du marché…).

La dépréciation est égale à :

Coût d'acquisition des titres de même catégorie – Valeur actuelle

Les plus-values latentes résultant de la comparaison de la valeur d'inventaire avec la valeur d'entrée des titres ne sont jamais comptabilisées et ne doivent pas compenser les moins-values.
L'écriture de constatation de la dépréciation est la suivante :

6866	Dotations aux dépréciations des éléments financiers	X	
296	Dépréciations des participations et créances rattachées à des participations		X
297	Dépréciations des autres immobilisations financières		X
590	Dépréciations des valeurs mobilières de placement		X
	Suivant état des titres		

Afin de justifier les dépréciations, l'entreprise constitue un état de ses titres en portefeuille, à l'inventaire ; par exemple :

Nature des titres	Coût d'acquisition	Nombre	Valeur d'inventaire	Dépréciation	
				Unitaire	Totale
...	...	...	...	...	...

Ajustement des dépréciations (exercice N + 1 et N + ...)

Il est nécessaire, en fin d'exercice, d'effectuer dans un état récapitulatif l'analyse de chaque titre ayant fait l'objet de dépréciations. Le risque de perte peut évoluer, voire disparaître : il faut ajuster les dépréciations en conséquence.

Nature des titres	Coût d'acquisition	Nbre	Valeur unitaire d'inventaire	Nouvelle dépréciation		Ancienne dépréciation	Ajustement	
				unitaire	montant		+	–

On distingue deux types d'ajustement :

Augmentation du risque de perte

Nouvelle dépréciation > Ancienne dépréciation

6866	Dotations aux dépréciations des éléments financiers	X	
296	Dépréciations des participations et créances rattachées à des participations		X
297	Dépréciations des autres immobilisations financières		X
590	Dépréciations des valeurs mobilières de placement		X
	Ajustement de la dépréciation des titres ...		

Diminution ou disparition du risque de perte

Nouvelle dépréciation < Ancienne dépréciation
ou
Valeur actuelle ≥ Valeur d'entrée

296	Dépréciations des participations et créances rattachées à des participations	X	
297	Dépréciations des autres immobilisations financières	X	
590	Dépréciations des valeurs mobilières de placement	X	
7866	Reprises sur dépréciations des éléments financiers		X
	Ajustement de la dépréciation des titres ...		

11 Provisions et provisions réglementées

Provisions pour risques et charges

Définition

Une provision est un passif externe dont l'échéance ou le montant ne sont pas fixés de façon précise. Elle est destinée à couvrir des risques et des charges nettement précisés quant à leur objet que des événements survenus ou en cours rendent probables.
Pour être comptabilisée, elle doit remplir 3 conditions :

- l'existence d'une obligation envers un tiers à la clôture de l'exercice ;
- l'obligation de provoquer, probablement ou certainement, une sortie de ressources au bénéfice du tiers sans contrepartie équivalente de celui-ci, après la date de clôture ;
- le montant de la provision doit correspondre à la meilleure évaluation possible, à la date de clôture, de la sortie de ressources au bénéfice du tiers.

On distingue 2 types de provisions :

- *les provisions pour risques* : risques identifiés inhérents à l'activité de l'entreprise ;
- *les provisions pour charges* : charges importantes, prévisibles, qui ne peuvent être, par exemple, supportées sur un seul exercice et font l'objet d'une répartition sur plusieurs exercices.

Comptabilisation

Les provisions pour risques et charges sont comptabilisées dans une subdivision du compte « 15 Provisions ».

Création de la provision : exercice N

La provision est comptabilisée, selon le caractère du risque ou de la charge probable, au ***débit*** du compte « 6815 Dotations aux provisions d'exploitation » ou « 6865 Dotations aux provisions financières » ou « 6875 Dotations aux provisions exceptionnelles » par le ***crédit*** d'une subdivision du compte « 15 Provisions ».

68.5	Dotations aux provisions …	X	
15..	Provisions pour …		X
	État des provisions		

Ajustement de la provision : exercice N + 1 et N + …

Il faut en fin d'exercice :
– analyser la nouvelle situation ;
– calculer la nouvelle provision ;
– évaluer le montant de l'ajustement.

Ajustement = Nouvelle provision – Ancienne provision

On distingue deux types d'ajustement :

Augmentation du risque ou de la charge probable

Nouvelle provision > Ancienne provision

La comptabilisation est identique à celle relative à la constitution de la provision.

68.5	Dotations aux provisions …	X	
15..	Provisions pour …		X
	État des provisions		

	Nouvelle provision < Ancienne provision
Diminution du risque ou de la charge probable	Le montant de l'ajustement est porté au ***débit*** d'une subdivision du compte «15 Provision » par le ***crédit*** du compte « 7815 Reprises sur provisions d'exploitation » ou « 7865 Reprises sur provisions financières » ou « 7875 Reprises sur provisions exceptionnelles ».

15..	Provisions pour …	X	
78.5	Reprises sur provisions …		X
	État des provisions		

Réalisation de la charge : exercice N + …

On distingue deux étapes :

Au cours de l'exercice : constatation de la charge

6..	Compte de charges concerné	X	
44566	TVA sur ABS (le cas échéant)	X	
512	Banques		X
	FA n°…, CH n° …		

À l'inventaire : annulation de la provision

15..	Provisions pour …	X	
78.5	Reprises sur provisions …		X
	Annulation de la provision		

Provisions réglementées

Définition

Les provisions réglementées ne correspondent pas à l'objet normal d'une provision. Elles sont comptabilisées en application de dispositions légales et sont destinées à faire bénéficier l'entreprise d'avantages fiscaux.

Les provisions réglementées constituent des réserves provisoires non libérées d'impôt inscrites dans les capitaux propres au bilan.

Elles regroupent essentiellement :
- les provisions relatives aux immobilisations (provisions pour investissements) ;
- les provisions relatives aux stocks (provisions pour hausse des prix) ;
- les amortissements dérogatoires qui y sont assimilés.

Comptabilisation

Les provisions réglementées sont comptabilisées dans une subdivision du compte « 14 Provisions réglementées ».

Le fonctionnement de ces comptes est identique à celui des comptes de provisions. Les dotations aux provisions réglementées et les reprises sur provisions réglementées ont un caractère exceptionnel.

Amortissements dérogatoires

Ils représentent le surplus d'amortissement comptabilisé en application d'un texte fiscal. Ils ne sont pas économiquement justifiés. En conséquence, ils n'affectent pas la VNC des biens.

Les amortissements dérogatoires résultent :
- soit des divergences entre les règles comptables et les règles fiscales ;
- soit d'amortissements exceptionnels fiscaux (voir page 28).

Ils sont comptabilisés au compte « 145 Amortissements dérogatoires ». Ils s'annulent progressivement sur la durée de vie du bien (voir page 28).

Provisions réglementées proprement dites

Provisions pour hausse des prix	Destinées à faciliter le financement des stocks en période de hausse des prix (hausse de prix supérieure à 10 % pendant une période qui n'excède pas 2 exercices successifs).
Provisions pour investissements	Créées dans le cadre d'accords de participation, d'intéressement ou de plans d'épargne salariale.

12 Cessions des immobilisations

Les immobilisations cédées procurent un enrichissement correspondant à leur prix de cession et constituent un appauvrissement (perte de patrimoine) égal à leur valeur comptable : elles doivent être retirées du bilan.
Les opérations de cession ont un caractère exceptionnel et se déroulent en 2 étapes :

- enregistrement de la cession à la date de cession ;
- sortie de l'immobilisation du patrimoine à la date de clôture de l'exercice.

Cessions d'immobilisations

L'écriture de cession diffère selon la nature de l'immobilisation :

Immobilisation non financière	462 775 44571	Créances sur cessions d'immobilisations Produits des cessions d'éléments d'actif TVA collectée *FA n° …*	X	 X X
Immobilisation financière	462 775	Créances sur cessions d'immobilisations Produits des cessions d'éléments d'actif *Cessions des titres AZF*	X	 X

Sortie du patrimoine des immobilisations non amortissables cédées

Il s'agit d'immobilisations incorporelles (fonds commercial…), corporelles (terrains…) ou financières (titres immobilisés, titres de participation) ; elles peuvent faire l'objet de dépréciations.
Leur sortie du patrimoine engendre les 2 opérations suivantes :

Annulation de l'immobilisation pour sa valeur d'entrée	675 2…	Valeur comptable des éléments d'actif cédés Comptes d'immobilisations concernés *Annulation de l'immobilisation*	X	 X
Annulation de la dépréciation constituée antérieurement	29.. 7816 7866	Dépréciation des immobilisations … Reprises sur dépréciations des immobilisations incorporelles et corporelles Reprises sur dépréciations des éléments financiers *Annulation de la dépréciation*	X	 X X

Lorsque les titres cédés proviennent de lots acquis à des dates différentes et donc à des coûts différents, leur valeur d'entrée est estimée soit au coût unitaire moyen pondéré (CUMP), soit d'après la méthode Premier entré, Premier sorti (PEPS) qui est privilégiée sur le plan fiscal.

Sortie du patrimoine des immobilisations amortissables cédées

Avant de procéder aux opérations de régularisation, il est nécessaire d'effectuer certains calculs afin d'évaluer la VNC de l'immobilisation cédée.

Immobilisations totalement amorties

Total des amortissements pratiqués = Valeur d'origine du bien

La VNC est égale à 0, aucune perte de patrimoine n'est constatée puisque la valeur économique du bien est nulle.
Les comptes concernés sont soldés l'un par l'autre.

28.. 2...	Amortissements des immobilisations ... Comptes d'immobilisations concernés *Annulation de l'immobilisation*	X	 X

Immobilisations partiellement amorties et non dépréciées

La VNC n'est pas nulle, elle correspond à la perte de patrimoine que l'entreprise subit à la suite de la cession.

Coût d'acquisition de l'immobilisation
– Amortissements cumulés jusqu'à la date de cession
= Valeur nette comptable

Les travaux de régularisation comportent deux opérations :

Annuité d'amortissement complémentaire : du premier jour de l'exercice à la date de cession	6811 28...	Dotations aux amortissements sur immobilisations incorporelles et corporelles Amortissements des immobilisations ... *Suivant plan d'amortissement : dotation complémentaire*	X	 X
Annulation des amortissements et sortie du patrimoine	675 28... 2....	Valeur comptable des éléments d'actif cédés Amortissements des immobilisations ... Comptes d'immobilisations concernés *Annulation de l'immobilisation*	X X	 X

Le résultat de cession apparaît par différence entre les comptes « 675 Valeurs comptables des éléments d'actif cédés » et « 775 Produits des cessions d'éléments d'actif » :

Produits des cessions d'éléments d'actif
>
Valeurs comptables des éléments d'actif
▶ **Plus-value de cession**

Produits des cessions d'éléments d'actif
<
Valeurs comptables des éléments d'actif
▶ **Moins-value de cession**

Immobilisations partiellement amorties et dépréciées

Rappelons que la constatation d'une dépréciation entraîne la modification du plan d'amortissement :
- la base amortissable d'origine est réduite du montant de la dépréciation (Valeur d'origine – Dépréciation) ;
- les amortissements constatés à partir de cette nouvelle base amortissable sont inférieurs à ceux qui auraient été pratiqués si le bien n'avait pas été déprécié ;
- la VNC portée au bilan est égale à :

Valeur d'origine – Amortissements cumulés – Dépréciation

Les travaux de régularisation comportent 3 opérations :

Annuité d'amortissement complémentaire : du premier jour de l'exercice à la date de cession	6811 28...	Dotations aux amortissements sur immobilisations incorporelles et corporelles Amortissements des immobilisations ... *Suivant plan d'amortissement : dotation complémentaire*	X	 X
Annulation de la dépréciation	29.. 7816	Dépréciations des immobilisations ... Reprises sur dépréciations des immobilisations incorporelles et corporelles *Annulation de la dépréciation*	X	 X

Annulation des amortissements et sortie du patrimoine	675* 28... 2....	Valeur comptable des éléments d'actif cédés Amortissements des immobilisations ... Comptes d'immobilisations concernés *Annulation de l'immobilisation*	X X	 X

* Le montant porté au débit du compte 675 est égal à :

VNC + Dépréciations ou VO – Amortissements cumulés

Immobilisations ayant fait l'objet d'amortissements dérogatoires

Outre les opérations de sortie de patrimoine présentées page 37, les amortissements dérogatoires doivent être soldés et rapportés au résultat. Rappelons que la VNC n'est pas affectée par les amortissements dérogatoires. On distingue 2 situations :

Annuité fiscale > Annuité comptable	Il faut comptabiliser l'annuité d'amortissement dérogatoire complémentaire du premier jour de l'exercice à la date de cession puis ***solder*** le compte « 145 Amortissements dérogatoires » par le ***crédit*** du compte « 7872 Reprises sur provisions réglementées (immobilisations) ».
Annuité fiscale < Annuité comptable	Le compte « 145 Amortissements dérogatoires » est ***débité*** pour solde par le ***crédit*** du compte « 7872 Reprises sur provisions réglementées (immobilisations) ».

Immobilisations subventionnées

Outre les opérations de sortie de patrimoine présentées pages 36 et 37, il est nécessaire :

- ***de déterminer le solde comptable de la subvention d'investissement*** qui est égal à :

  Solde créditeur du compte « 131 Subventions d'équipement »
  –
  Solde débiteur du compte « 139 Subventions d'investissement inscrites au compte de résultat »

- ***de rapporter au résultat de l'exercice*** au cours duquel intervient la cession, le solde comptable de la subvention d'investissement :

139 777	Subventions d'investissement inscrites au compte de résultat Quote-part de subventions d'investissement virée au compte de résultat *Fraction de la subvention rapportée au résultat*	X	 X

- ***de solder les comptes « 131 » et « 139 »*** l'un par l'autre puisqu'ils sont égaux :

131 139	Subventions d'équipement Subventions d'investissement inscrites au compte de résultat *Pour solde des comptes*	X	 X

13 Créances et dettes en monnaies étrangères

Les créances et les dettes en monnaies étrangères converties en euros enregistrées et non éteintes pendant l'exercice doivent être ***actualisées à l'inventaire*** au dernier cours de change afin de calculer ***les écarts de conversion*** et les enregistrer dans des comptes transitoires.

À la clôture de l'exercice

Écarts de conversion

Les écarts de conversion sont évalués, pour chaque créance et chaque dette intéressée, par différence entre le cours à l'enregistrement de la créance ou de la dette et le cours à l'inventaire.

Gain latent	**Créance** = Cours à l'inventaire > Cours d'enregistrement ▶ Augmentation de la créance **Dette** = Cours à l'inventaire < Cours d'enregistrement ▶ Diminution de la dette
Perte latente	**Créance** = Cours à l'inventaire < Cours d'enregistrement ▶ Diminution de la créance **Dette** = Cours à l'inventaire > Cours d'enregistrement ▶ Augmentation de la dette

Comptabilisation

À la clôture de l'exercice, les écarts de conversion sont comptabilisés dans des comptes transitoires dans l'attente d'une régularisation au cours de l'exercice suivant :

Cas d'un gain latent

Augmentation des créances / diminution des dettes

411	Clients	X	
401	Fournisseurs	X	
477	Différences de conversion – Passif		X
	Gain latent		

Cas d'une perte latente

Diminution des créances / augmentation des dettes

476	Différences de conversion – Actif	X	
411	Clients		X
401	Fournisseurs		X
	Perte latente		

Constatation d'une provision pour perte de change

6865	Dotations aux provisions financières	X	
1515	Provisions pour pertes de change		X
	Provision		

La provision pour perte de change sera soldée et rapportée au résultat à la clôture de l'exercice sur lequel interviendra le règlement des dettes ou des créances.

Travaux comptables sur l'exercice suivant

▶ **À l'ouverture de l'exercice N +1**

L'entreprise doit effectuer la contrepassation des différences de conversion pour conserver en comptabilité la valeur d'entrée des créances et des dettes.

▶ **À la date du règlement des dettes et des créances**

Il faut effectuer une comparaison entre la valeur d'entrée des créances et des dettes et le montant des règlements afin de comptabiliser les gains ou les pertes de change définitifs (voir page 13).

▶ **À la fin de l'exercice N +1**

L'entreprise doit solder, le cas échéant, la provision devenue sans objet, au ***débit*** du compte « 1515 Provisions pour pertes de change » par le ***crédit*** du compte « 7865 Reprises sur provisions financières ».

14 Impôt sur les sociétés

L'impôt sur les sociétés (IS) est un impôt direct sur les bénéfices réalisés par les sociétés de capitaux, les SARL et les sociétés en commandite simple pour la part de bénéfice revenant aux commanditaires[1].
Depuis le 1/1/2011, les entreprises individuelles qui ont opté pour le statut de l'entrepreneur à responsabilité limitée (EIRL) peuvent opter pour l'impôt sur les sociétés sous condition d'être soumis au règime fiscal du réel[1].

Résultat fiscal

Définition

Le bénéfice imposable correspond au résultat comptable après corrections pour tenir compte des divergences entre les règles fiscales et les règles comptables.

Calcul

Résultat comptable de l'exercice	Base de calcul du résultat fiscal	Total des produits – Total des charges
Résultat fiscal	Base de calcul de l'impôt	Résultat comptable avant IS + Réintégrations (charges non déductibles) – Déductions (produits non imposables)

Calcul de l'impôt sur les sociétés

L'impôt dû s'obtient à partir des éléments suivants :

	Taux	Base de calcul
Impôt au taux normal légal	33 1/3 %	Bénéfice fiscal (BF)
+ Impôt au taux réduit PME	15 %	BF dans la limite de 38 120 €
+ Impôt au taux réduit	15 ou 19 %	Plus-values nettes à long terme
= **Impôt de référence**		
+ Contribution sociale (CS)	3,30 %	Impôt de référence – 763 000 €
= **Impôt dû**		

Certaines PME sont exonérées de la contribution sociale sous certaines conditions.

Paiement de l'impôt sur les sociétés et de la contribution sociale

Les sociétés soumises à l'IS doivent calculer et régler spontanément :

- l'impôt forfaitaire annuel (IFA), même en cas de déficit ;
- les 4 acomptes provisionnels de l'IS ;
- les 4 acomptes provisionnels de la contribution sociale ;
- le solde de l'IS et de la contribution sociale.

L'IFA sera supprimé à compter de 2014.
À compter du 1er octobre 2011, les entreprises doivent télérégler leur IS lorsque leur CA HT de l'exercice précédent excède 230 000 €.

---

(1) Pour un développement complet, voir chez le même éditeur, dans la même collection :
Fiscal 2011 par B. et F. Grandguillot (édition annuelle en janvier) ;
L'EIRL par B. et F. Grandguillot (1re édition 2011).

Comptabilisation

La comptabilisation de l'IS comprend 4 étapes qui s'échelonnent du 15 mars N au 15 avril N + 1, lorsque l'exercice coïncide avec l'année civile :

Constatation de l'IFA au plus tard le 15 mars N	635 447	Autres impôts, taxes et versements assimilés Autres impôts, taxes et versements assimilés *IFA*	X	 X
Acomptes versés IS + CS d'après l'échéancier	444 512	État – Impôts sur les bénéfices Banques *Paiement IS et CS ; CH n° …*	X	 X
Détermination IS et CS en date du 31 décembre N	6951 6952 444	Impôts dus en France Contribution sociale État – Impôts sur les bénéfices *Détermination IS et CS*	X X	 X
Liquidation IS + CS au plus tard le 15 avril N + 1	444 512	État – Impôts sur les bénéfices Banques *Liquidation IS et CS ; CH n° …*	X	 X

15 Comptes annuels

Définitions

Les comptes annuels sont des états périodiques décrivant la situation de l'entreprise. Ils sont à la fois une obligation et une nécessité de gestion.

Bilan + Compte de résultat + Annexe = Comptes annuels	
Bilan	Il représente la situation financière de l'entreprise à une date donnée. Il récapitule : – les ressources de l'entreprise, l'origine des fonds ou encore les moyens de financement → **Passif** ; – les emplois, l'utilisation des fonds ou encore les besoins de financement de l'entreprise (investissements, biens et créances du cycle d'exploitation) → **Actif**. À tout besoin de financement correspond un moyen de financement, donc : Total Actif = Total Passif
Compte de résultat	Il décrit l'activité ou l'exploitation de l'entreprise pour une période donnée. Il détermine : – les charges (ou les coûts) occasionnées par les moyens mis en œuvre → **Charges** ; – les ressources (ou revenus) produites par l'activité de l'entreprise pour le même exercice → **Produits** ; – le résultat de l'entreprise, fruit de son activité, par comparaison entre les deux éléments précédents : Charges – Produits
Annexe	**État comptable** fournissant des informations nécessaires à la compréhension du bilan et du compte de résultat.

Structures simplifiées

Les documents de synthèse sont détaillés en rubriques et en postes. Ils sont établis à partir des soldes des comptes issus de la balance après inventaire.

Bilan

Actif	Exercice N			Exercice N – 1	Passif	Exercice N	Exercice N – 1
	Brut	Amortissements et Dépréciations (à déduire)	Net				
Capital souscrit-non appelé **Actif immobilisé** Classe 2 : Immobilisations Total I					**Capitaux propres** Comptes 10 à 14 Total I		
Actif circulant Classe 3 : Stocks Classe 4 : Créances Classe 5 : Comptes financiers Total II					**Provisions** Compte 15 Total II		
Charges à répartir sur plusieurs exercices **(III)** Primes de remboursement des emprunts **(IV)**					**Dettes** Compte 16 Classes 4 et 5 Total III		
Écarts de conversion Actif **(V)**					Écarts de conversion Passif (IV)		
Total général (I + II + III + IV + V)					Total général (I + II + III + IV)		

Le résultat est intégré au passif dans la rubrique des capitaux propres :

Total actif (colonne « Net ») – Total passif = **Résultat**

Il est affecté :

- du signe **+** → lorsqu'il traduit un bénéfice ;
- du signe – → dans le cas d'une perte.

L'actif comporte quatre colonnes de sommes :

ACTIF	Exercice N			Exercice N – 1
	Brut	**Amortissements et dépréciations (à déduire)**	**Net**	**Net**
	Valeur d'entrée dans le patrimoine : SD des comptes : « 2..., 3..., 4..., 5... » à la clôture de l'exercice.	Solde créditeur des comptes « 28... » et des comptes : « 29.. ; 39.. ; 49.. ; 59.. » à la clôture de l'exercice.	VNC ou valeur actuelle (différence entre les montants des colonnes Brut et Amortissements et dépréciations)	Valeur nette du bilan de l'exercice précédent.

Le passif comprend deux colonnes de sommes :

PASSIF	Exercice N	Exercice N – 1
	Solde créditeur des comptes de passif à la clôture de l'exercice et solde du compte « Résultat de l'exercice ».	Solde créditeur des comptes de passif et solde du compte « Résultat de l'exercice » de l'exercice précédent.

Compte de résultat

Charges	Exercice N	Exercice N – 1	Produits	Exercice N	Exercice N – 1
Charges d'exploitation Comptes 60 – 609 Comptes 603 (+ ou –) Comptes (61 – 619) et (62 – 629) Comptes 63 + 64 + 65 + 681			Produits d'exploitation Comptes 707 – 7097 Comptes (701 à 706 – 7091 à 7096) et (708 – 7098) Comptes 713 (+ ou –) Comptes 72 + 74 + 75 + 781 et 791		
Total I			Total I		
Quotes-parts de résultat sur opérations faites en commun (II) Compte 655 Charges financières Comptes 66 + 686			Quotes-parts de résultat sur opérations faites en commun (II) Compte 755 Produits financiers Comptes 76 + 786 et 796		
Total III			Total III		
Charges exceptionnelles Comptes 67 + 687			Produits exceptionnels Comptes 77 + 787 et 797		
Total IV			Total IV		
Participation des salariés (V) Impôts sur les bénéfices (VI) Compte 655					
Total des charges			Total des produits		
Solde créditeur = bénéfice			Solde débiteur = perte		
TOTAL GÉNÉRAL			TOTAL GÉNÉRAL		

Les charges nettes ont un ***solde débiteur***, sauf les comptes « 603 Variation des stocks » qui peuvent avoir un ***solde créditeur*** (ils sont alors précédés du signe – ou **( )**.

Les produits nets ont un ***solde créditeur***, sauf les comptes « 713 Variation des stocks » qui peuvent avoir un ***solde débiteur*** : ils sont alors précédés du signe – ou **( )**.

Le résultat s'obtient par différence entre :

> Total des charges – Total des produits = **Résultat**

Le résultat :

- bénéfice → est placé du côté des charges ;
- perte → est placé du côté des produits.

Tableau de correspondance des comptes du bilan

Art. 521-1 Modèle de bilan (en tableau) (avant répartition)
(système de base)

Actif	Exercice N			Exercice N – 1
	Brut	Amts & Dép	Net	Net
Capital souscrit - non appelé	109			
ACTIF IMMOBILISÉ ***(a)*** :				
Immobilisations incorporelles :				
Frais d'établissement	201			
Frais de recherche et de développement	203			
Concessions, brevets, licences, marques, procédés, logiciels, droits et valeurs similaires	205			
Fonds commercial (1)	206.207			
Autres	208			
Immobilisations incorporelles en cours	232			
Avances et acomptes	237			
Immobilisations corporelles :				
Terrains	211.212			
Constructions	213.214			
Installations techniques, matériel et outillage industriels	215			
Autres	218			
Immobilisations corporelles en cours	231			
Avances et acomptes	238			
Immobilisations financières (2) :				
Participations ***(b)***	261.266			
Créances rattachées à des participations	267.268			
Titres immobilisés de l'activité de portefeuille	273			
Autres titres immobilisés	271.272.27682			
Prêts	274.27684			
Autres	275.2761.27685.27688			
Total I	X	X	X	X
ACTIF CIRCULANT :				
Stocks et en-cours ***(a)*** :				
Matières premières et autres approvisionnements	31.32			
En-cours de production [biens et services] ***(c)***	33.34			
Produits intermédiaires et finis	35			
Marchandises	37			
Avances et acomptes versés sur commandes	4091			
Créances (3) :				
Créances Clients (a) et Comptes rattachés ***(d)***	411.413.416.417.418			
Autres	4096.4097.4098.425.4287.4387.441. 443D.444D.4452.4456.44581.44582. 44583.44586.4487.451D.455D.456D (sf 4562). 458D.462.465.467.4687.478D			
Capital souscrit - appelé, non versé	4562			
Valeurs mobilières de placement ***(e)*** :				
Actions propres	502			
Autres titres	50 (sf 502.509)			
Instruments de trésorerie	52			
Disponibilités	51D (sf 5186.519).53.54			
Charges constatées d'avance (3)	486			
Total II	X	X	X	X
Charges à répartir sur plusieurs exercices **(III)**	481			
Primes de remboursement des emprunts **(IV)**	169			
Écarts de conversion Actif **(V)**	476			
TOTAL GÉNÉRAL (I + II + III + IV + V)	X	X	X	X

(1) Dont droit au bail
(2) Dont à moins d'un an (brut)
(3) Dont à plus d'un an (brut)

(a) Les actifs avec clause de réserve de propriété sont regroupés sur une ligne distincte portant la mention « dont ... avec clause de réserve de propriété ». En cas d'impossibilité d'identifier les biens, un renvoi au pied du bilan indique le montant restant à payer sur ces biens. Le montant à payer comprend celui des effets non échus. ***(b)*** Si des titres sont évalués par équivalence, ce poste est subdivisé en deux sous-postes « Participations évaluées par équivalence » et « Autres participations ». Pour les titres évalués par équivalence, la colonne « Brut » présente la valeur globale d'équivalence si elle est supérieure au coût d'acquisition. Dans le cas contraire, le prix d'acquisition est retenu. La dépréciation globale du portefeuille figure dans la 2e colonne. La colonne « Net » présente la valeur globale d'équivalence positive ou une valeur nulle. ***(c)*** À ventiler, le cas échéant, entre biens, d'une part, et services d'autre part. ***(d)*** Créances résultant de ventes ou de prestations de services. ***(e)*** Poste à servir directement s'il n'existe pas de rachat par l'entité de ses propres actions.

Passif	Exercice N	Exercice N – 1
CAPITAUX PROPRES *		
Capital [dont versé...] ***(a)***	101.108. (dont versé = 1013)	
Primes d'émission, de fusion, d'apport	104	
Écarts de réévaluation ***(b)***	105	
Écart d'équivalence ***(c)***	107	
Réserves :		
Réserve légale	1061	
Réserves statutaires ou contractuelles	1063	
Réserves réglementées	1062.1064	
Autres	1068	
Report à nouveau ***(d)***	110. ou 119	
Résultat de l'exercice [bénéfice ou perte] *(e)*	120. ou 129	
Subventions d'investissement	13	
Provisions réglementées	14	
Total I	X	X
PROVISIONS		
Provisions pour risques	151.	
Provisions pour charges	15 (sauf 151).	
Total II	X	X
DETTES (1) ***(g)***		
Emprunts obligataires convertibles	161.16881	
Autres emprunts obligataires	163.16883	
Emprunts et dettes auprès des établissements de crédit (2)	164.16884.512C.514C.517C. 5186.519	
Emprunts et dettes financières diverses (3)	165.166.1675.168 (sf 16881. 16883.16884).17.426.45C (sf 457)	
Avances et acomptes reçus sur commandes en cours	4191	
Dettes Fournisseurs et Comptes rattachés ***(f)***	401.403.4081.4088 (en partie)	
Dettes fiscales et sociales	421.422.424.427.4282.4284. 4286.43(sf 4387).442.443C. 444C.4455.4457.44584. 44587.446.447.4482.4486.457	
Dettes sur immobilisations et Comptes rattachés	269.279.404.405.4084.4088	
Autres dettes	4196.4197.4198.464.467C. 4686.478C.509	
Instruments de trésorerie	52	
Produits constatés d'avance (1)	487	
Total III	X	X
Écarts de conversion Passif **(IV)**	477	
TOTAL GÉNÉRAL (I + II + III + IV)	X	X

(1) Dont à plus d'un an
Dont à moins d'un an
(2) Dont concours bancaires courants et soldes créditeurs de banques
(3) Dont emprunts participatifs

*Le cas échéant, une rubrique « Autres fonds propres » est intercalée entre la rubrique « Capitaux propres » et la rubrique « Provisions » avec ouverture des postes constitutifs de cette rubrique sur des lignes séparées (montant des émissions de titres participatifs, avances conditionnées...). Un total I *bis* fait apparaître le montant des autres fonds propres entre le total I et le total II du passif du bilan. Le total général est complété en conséquence.
(a) Y compris capital souscrit non appelé. ***(b)*** A détailler conformément à la législation en vigueur. ***(c)*** Poste à présenter lorsque des titres sont évalués par équivalence. ***(d)*** Montant entre parenthèses ou précédé du signe moins (–) lorsqu'il s'agit de pertes reportées. ***(e)*** Montant entre parenthèses ou précédé du signe moins (–) lorsqu'il s'agit d'une perte. ***(f)*** Dettes sur achats ou prestations de services. ***(g)*** À l'exception, pour l'application du (1), des avances et acomptes reçus sur commandes en cours.

Tableau de correspondance des comptes du compte de résultat

Art. 521-3 Modèle de compte de résultat (en tableau)
(système de base)

	Exercice N	Exercice N – 1
Charges d'exploitation (1) :		
Achats de marchandises ***(a)***	607.(– 6097)	
Variation des stocks ***(b)***	6037	
Achats de matières premières et autres approvisionnements ***(a)***	601.(– 6091) 602.(– 6092) 6081.6082. 6031.6032	
Variation des stocks ***(b)***	604 à 606.(– 609.) 61.(– 619)	
Autres achats et charges externes *	62.(– 629)	
Impôts, taxes et versements assimilés	63	
Salaires et traitements	641.644.648	
Charges sociales	645.646.647	
Dotations aux amortissements et dépréciations :		
Sur immobilisations : dotations aux amortissements ***(c)***	6811.6812	
Sur immobilisations : dotations aux dépréciations	6816	
Sur actif circulant : dotations aux dépréciations	6817	
Dotations aux provisions	6815	
Autres charges	65 (sauf 655)	
TOTAL I	X	X
Quotes-parts de résultat sur opérations faites en commun (II)	655	
Charges financières :		
Dotations aux amortissements, dépréciations et provisions	686	
Intérêts et charges assimilées (2)	66 (sauf 666.667)	
Différences négatives de change	666	
Charges nettes sur cessions de valeurs mobilières de placement	667	
TOTAL III	X	X
Charges exceptionnelles :		
Sur opérations de gestion	671	
Sur opérations en capital	675.678	
Dotations aux amortissements, dépréciations et provisions	687	
TOTAL IV	X	X
Participation des salariés aux résultats (V)	691	
Impôts sur les bénéfices (VI)	695.689.698.699	
Total des charges (I + II + III + IV + V + VI)	X	X
Solde créditeur = **bénéfice** (3)	X	X
TOTAL GÉNÉRAL	X	X
* Y compris :		
– redevances de crédit-bail mobilier	6122	
– redevances de crédit-bail immobilier	6125	

(1) Dont charges afférentes à des exercices antérieurs. Les conséquences des corrections d'erreurs significatives, calculées après impôt, sont présentées sur une ligne séparée sauf s'il s'agit de corriger une écriture ayant été directement imputée sur les capitaux propres
(2) Dont intérêts concernant les entités liées
(3) Compte tenu d'un résultat exceptionnel avant impôts de

(a) Y compris droits de douane.
(b) Stock initial moins stock final : montant de la variation en moins entre parenthèse ou précédé du signe (–).
(c) Y compris éventuellement dotations aux amortissements des charges à répartir.

	Exercice N	Exercice N – 1
Produits d'exploitation (1) :		
Ventes de marchandises	707.(– 7097).708 (en partie)	
Production vendue [biens et services] ***(a)***	701. à 706.(– 7091 à 7096) 708 (en partie)	
Sous-total A – Montant net du CA	X	X
dont à l'exportation	X	X
Production stockée ***(b)***	713	
Production immobilisée	72	
Subventions d'exploitation	74	
Reprises sur dépréciations, provisions (et amortissements), transferts de charges	781.791	
Autres produits	75 (sauf 755)	
Sous-total B	X	X
TOTAL III	X	X
TOTAL I (A + B)	X	X
Quotes-parts de résultat sur opérations faites en commun (II)	755	
Produits financiers :		
De participation (2)	761	
D'autres valeurs mobilières et créances de l'actif immobilisé (2)	762	
Autres intérêts et produits assimilés (2)	763.764.765.768	
Reprises sur dépréciations et provisions, transferts de charges	786.796	
Différences positives de change	766	
Produits nets sur cessions de valeurs mobilières de placement	767	
TOTAL III	X	X
Produits exceptionnels :		
Sur opérations de gestion	771	
Sur opérations en capital	775.777.778	
Reprises sur dépréciations et provisions, transferts de charges	787.797	
TOTAL IV	X	X
Total des produits (I + II + III + IV)	X	X
Solde débiteur = **perte** (3)	X	X
TOTAL GÉNÉRAL	X	X

(1) Dont produits afférents à des exercices antérieurs. Les conséquences des corrections d'erreurs significatives, calculées après impôt, sont présentées sur une ligne séparée sauf s'il s'agit de corriger une écriture ayant été directement imputée sur les capitaux propres
(2) Dont produits concernant les entités liées
(3) Compte tenu d'un résultat exceptionnel avant impôts de

(a) À inscrire, le cas échéant, sur des lignes distinctes.
(b) Stock final moins stock initial : montant de la variation en moins entre parenthèses ou précédé du signe (–).

Double détermination du résultat

Le résultat déterminé au compte de résultat est identique à celui déterminé au bilan (double détermination du résultat).
Le bilan comme le compte de résultat peuvent être présentés en liste.

Annexe

Elle comporte toutes les informations d'importance significative destinées à compléter et à commenter celles données par le bilan et par le compte de résultat. Une inscription dans l'annexe ne peut pas se substituer à une inscription dans le bilan et le compte de résultat.
Le PCG préconise pour certaines informations l'utilisation de tableaux sachant qu'ils ne dispensent pas de commentaires significatifs.

Tableaux de l'annexe dans le système de base

– Tableau des immobilisations (art. 532-1)
Suivi des mouvements de l'ensemble des immobilisations

– Tableau des amortissements (art. 532-2.1)
Analyse des mouvements des amortissements de l'exercice
Modalités de calcul

– Tableau des dépréciations (art. 532-2.2)
Analyse des mouvements des dépréciations de l'exercice

– Tableau des provisions (art. 532-3)
Analyse des mouvements des provisons de l'exercice

– État des échéances des créances et dettes à la clôture de l'exercice (art. 532-4)
Ventilation des créances par degré de liquidité (délai d'encaissement)
Ventilation des dettes par degré d'exigibilité (délai de paiement)

– Tableau des filiales et participations (art. 532-5)
Liste des filiales (+ 50 % du capital détenu par la société)
Liste des participations (10 à 50 % du capital détenu par la société)
Renseignements concernant les capitaux propres, le résultat, le CA, les titres, les prêts, avances, cautions et avals

– Tableaux du portefeuille des TIAP (art. 532-6)
Valeur estimative du portefeuille de titres immobilisés de l'activité du portefeuille
Variation de la valeur du portefeuille de titres immobilisés de l'activité du portefeuille

Le système développé prévoit 3 tableaux supplémentaires qui permettent l'analyse des comptes annuels :

Tableaux de l'annexe dans le système développé

– Tableau des soldes intermédiaires de gestion (art. 532-7)
– Détermination de la capacité d'autofinancement (art. 532-8)
– Modèle de tableau des emplois et des ressources (art. 532-9)

Cet ouvrage a été achevé d'imprimer dans les ateliers de Leitzaran (Espagne)
Numéro d'impression : 48
Dépôt légal : Août 2011
Imprimé en Espagne